Dr. Helmut F. Dräcker

Warum die Friedensbewegung scheitern mußte

Dr. Helmut F. Dräcker

Warum die Friedensbewegung scheitern mußte

Gedanken zu den deutsch-amerikanischen
Beziehungen 1980 – 1984

Herausgegeben und mit einer Einleitung
von Jakob Marti

Sendler Verlag · Frankfurt am Main

CIP-Kurztitelaufnahme der Deutschen Bibliothek

Dräcker, Helmut:
Warum die Friedensbewegung scheitern mußte:
Gedanken zu d. dt.-amerikan. Beziehungen 1980 –
1984. / Helmut Dräcker. Hrsg. von Jakob Marti. –
Frankfurt am Main: Sendler, 1985.
ISBN 3-88048-072-9

Satz und Druck: CARO Druck, Frankfurt am Main
Titelbildgestaltung: Michael Ackermann
Printed in West Germany

Inhalt

Ein Dokument

Ein Ministerialrat aus dem Auswärtigen Amt skizziert Probleme und Rahmenbedingungen deutscher Außenpolitik. Im Vordergrund stehen die deutsch-amerikanischen Beziehungen sowie die Motive, die zur Raketenstationierung im Herbst 1983 geführt haben. Eine ausführliche Darstellung wird den in Westeuropa noch wenig beachteten Entwicklungstendenzen im pazifischen Raum und den langfristigen Konsequenzen für das transatlantische Verhältnis gewidmet. Die Probleme, die der Autor an Ereignissen besonders der vergangenen vier Jahre aufzeigt, sind von unverminderter Aktualität; sie werden den Handlungsspielraum der Bundesrepublik auch in näherer Zukunft entscheidend prägen.

Der Herausgeber, der sich während der letzten Jahre in der Friedensbewegung engagiert hat, konnte die Aufzeichnungen des Ministerialrats nur mit wachsender Bestürzung zur Kenntnis nehmen. Die Einsicht scheint unumgänglich, daß die Friedensbewegung mit der von ihr vorgetragenen *Analyse* der Nachrüstung die Handlungsmotive der Bundesregierung nicht im Kern erfaßt hat. Die Aufzeichnungen verdienen nicht so sehr Beachtung als neues Beweisstück im Streit der Argumente für und wider die Nachrüstung, sie bieten vielmehr die Gelegenheit, sich mit den Ereignissen der vergangenen vier Jahre im Blick auf die Zukunft auseinanderzusetzen. Es geht um die Frage, in welcher Weise die politische Situation durch das Eingreifen der Bundesregierung von der einen und der

Friedensbewegung von der anderen Seite verändert worden ist. Aus einer unbefangenen Auseinandersetzung mit dieser Frage können Perspektiven für künftiges politisches Handeln gewonnen werden. Die Friedensbewegung konnte die Nachrüstung nicht verhindern. Das Schweigen über diese Tatsache ist beunruhigend. Das Schweigen eröffnet keine neuen Chancen.

Die besondere Bedeutung des vorliegenden Dokuments besteht nach Auffassung des Herausgebers darin, daß die Verknüpfung aktueller sicherheitspolitischer Probleme mit der geschichtlich-politischen Lage der Bundesrepublik erkennbar wird. Die Aufzeichnungen machen deutlich, daß die von breiten Teilen der Öffentlichkeit geübte Kritik an der deutschen Außen- und Sicherheitspolitik der geschichtlichen Tiefendimension oft nicht angemessen ist. Sicherheitspolitische Entscheidungen sind in stärkerem Maße, als man dies in der Öffentlichkeit wahrnimmt, von der durch den Zweiten Weltkrieg und die Nachkriegsgeschichte geschaffenen außenpolitischen Lage der Bundesrepublik abhängig. Die grundsätzlichen sicherheitspolitischen Probleme und hier besonders diejenigen der atomaren Abschreckung sind letztlich im geschichtlich-politischen Fundament der Bundesrepublik verankert. Eine Lösung dieser Probleme muß daher auf der politischen, nicht aber auf der militärstrategischen Ebene ansetzen. Alternative Verteidigungsstrategien gewinnen eine Bedeutung erst aus der Entwicklung einer neuen und langfristigen außenpolitischen Konzeption für die Bundesrepublik. Daraus ergibt sich die Notwendigkeit, die in der gegenwärtigen sicherheitspolitischen Debatte geübte Verengung des Bewußtseins auf militärstrategische Aspekte aufzugeben, und stärker geschichtliche, politische und nicht zuletzt auch philosophische Fragen einzubeziehen.

Die Aufzeichnungen des Ministerialrats dokumentieren die Gefangenschaft des Denkens durch Sachzwänge. Sie repräsentieren aber durchaus das Bewußtsein der staatstragenden Elite der Bundesrepublik. Die konservative Nuancierung der Aufzeichnungen sollte nicht zu einer Überschätzung parteipolitischer Differenzen dieses Bewußtseins verführen. Auch wenn sich einzelne oder ganze

Gruppen aus der staatstragenden Elite mit Rücksicht auf parteipolitische Opportunität von den in den Aufzeichnungen enthaltenen Gedankengängen distanzieren, so heißt das noch keineswegs, daß sie in einer Entscheidungssituation, die derjenigen des Ministerialrats vergleichbar wäre, nicht in ähnlicher Weise argumentieren würden. Durch die Fixierung auf die wechselnden und oft genug recht zufälligen Inhalte der politischen Debatte wird zumeist die wirklichkeitsschaffende Macht des politischen Denkstils übersehen. Was aber die einzelnen Gruppierungen der politischen Elite trotz aller Unterschiede verbindet, ist gerade der gemeinsame Denkstil. In diesem Sinne sind die in den Aufzeichnungen angesprochenen geschichtlichen und politischen Fakten von der spezifischen Prägung und Wertung zu unterscheiden, die sie erst durch den Denkstil erhalten.

Mancher wird — und das gilt besonders für Konservative — in den Aufzeichnungen des Ministerialrats seine eigenen Überlegungen wiedererkennen. Wer sich aber dadurch zu schneller und vorbehaltloser Zustimmung veranlaßt sieht, sollte besonders auf die herausfordernden Konsequenzen der vorgetragenen Argumentation achten, die vom Autor oft nur beiläufig angedeutet werden.

Über den Zweck, den der Autor seinen Aufzeichnungen zugedacht hat, können nur Vermutungen angestellt werden. Die Sorgfalt in der Ausarbeitung und die zahlreichen Quellenangaben legen den Gedanken nahe, der Autor habe zunächst die Absicht gehabt, mit seinen Aufzeichnungen an eine breitere Öffentlichkeit zu treten. Daß sich ein Ministerialbeamter zu aktuellen Fragen in dieser Weise äußert, wäre jedoch ein einzigartiger Vorgang. Gegen die Absicht einer Veröffentlichung durch den Autor spricht auch der zuweilen bekenntnishafte und persönliche Charakter einzelner Textpassagen. Als gesichert darf allerdings die Feststellung gelten, daß die Aufzeichnungen in einem Kreis von Vertrauten und engen Bekannten des Autors kursierten. Der Herausgeber ist sich bewußt, daß er mit der Veröffentlichung nicht vollumfänglich denjenigen Absichten dient, die von dritter Seite mit der Überlassung der Papiere verbunden wurden. Der Herausgeber bedauert es, wenn er mit der Veröffentlichung insbesondere dem Autor Schwierigkeiten bereiten sollte; persönliche Bedenken mußten jedoch der politischen Bedeutung des Dokuments untergeordnet werden.

Die Aufzeichnungen des Ministerialrats werden der Öffentlichkeit in textgetreuer Gestalt übergeben. Der Herausgeber hat lediglich den Text mit Zwischentiteln versehen sowie einige Quellenangaben um bibliographische Daten ergänzt. Das schien besonders bei der schwer erreichbaren ausländischen Zeitschriftenliteratur erforderlich zu sein. Besonderer Dank gebührt dem Verlag, der das Risiko auf sich genommen hat, einen Text zu veröffentlichen, der sich nicht bruchlos in die aktuelle politische Diskussion einordnen läßt.

Der Herausgeber *München, im März 1985*

„Wenn die Handlungsmöglichkeiten am größten sind, ist das dafür nötige Wissen gering oder verworren. Wenn dann das Wissen brauchbar wird, ist die Möglichkeit, Ereignisse zu beeinflussen, meist verschwindend klein."

Henry Kissinger[1]

Der Strom der Zeit

Vorzuwerfen habe ich mir nichts. Ich konnte nicht anders handeln. In meinen Entscheidungen habe ich mich stets von der Verantwortung für Deutschland, von der Verantwortung für die Menschen leiten lassen.

Meine Jugend verbrachte ich in einer schlesischen Kleinstadt. Später empfand ich manchmal noch Sehnsucht nach meiner Heimat. Vor zehn Jahren habe ich sie noch einmal besucht. Aber die Straßen waren mir fremd, die Menschen erst recht. Ich reiste schnell wieder ab.

Mein Vater fiel an der Ostfront. Am Ende des Krieges war ich gerade achtzehn Jahre alt. Dann kam der eigentliche Zusammenbruch. Es war die wachsende Erkenntnis dessen, wozu sich mein Volk hingegeben hatte. Das Entsetzen über den organisierten Völkermord, die Ahnung einer unermeßlichen Schuld. Daraus waren Konsequenzen zu ziehen. Das durfte sich nie wieder ereignen. Unter meinesgleichen bildete sich die feste Entschlossenheit, an einem Schutzwall gegen die geschichtliche Versuchung des Absoluten mitzuarbeiten. Als dieser Schutzwall bot sich bald das Modell der westlichen Demokratie an. In der Gründung und Konsolidierung der

1 „When the scope for action is greatest, knowledge on which to base such action is small or ambiguous. When knowledge becomes available, the ability to affect events is usually at a minimum." Henry Kissinger: American Foreign Policy, New York: Norton 1974, S. 14

Bundesrepublik durften wir die geglückte Entwicklung eines stabilen Rechtsstaates auf deutschem Boden miterleben. So verknüpfte sich meine politische Biographie mit der Ausbildung eines Staates, der für wachsenden Wohlstand, für politische Stabilität und inneren Frieden garantierte.

In meinen politischen Lehr- und Wanderjahren erfuhr ich immer wieder väterliche Führung und Förderung durch meinen Onkel, den erfahrenen Diplomaten Dr. h.c. Edmund F. Dräcker.[2] Ihn werde ich zeitlebens verehren, auch wenn ich seine zuweilen exotischen Neigungen nicht teile. Er verschaffte mir die ersten Kontakte zum Auswärtigen Amt.

Vor drei Jahren wurde ich in jenes Ressort versetzt, zu dessen Aufgabenbereichen es gehörte, die Umsetzung des „Nato-Doppelbeschlusses“ zu begleiten. Die im Dezember 1979 beschlossene Maßnahme erwies sich bald als unumgänglich. Dieser Bewertung konnte ich mich immer weniger verschließen, je sorgfältiger ich mich in die vielfältigen Aspekte der Materie versetzte. Aus Kenntnis der Sachlage heraus, getragen von realpolitischer Verantwortung, mußte ich für die Nachrüstung eintreten. Um so betroffener war ich von den Vorwürfen, die von der sogenannten Friedensbewegung an die Entscheidungsträger gerichtet wurden. Wir wurden der „Verantwortungslosigkeit“, der „Unkenntnis“, ja sogar der „Vorbereitung des Völkermordes“ bezichtigt. In jenen Vorwürfen verband sich unvorstellbare Arroganz mit gesinnungsethischem Räsonnement, gepaart mit oft erstaunlichem Unverständnis für die elementaren politischen und geschichtlichen Rahmenbedingungen unserer Entscheidung.

Diese Entscheidung ist in ihrem Kern gewiß nicht leicht zu begreifen. Insbesondere wird derjenige die Sache gar nicht verstehen, der allein militärstrategische Entwicklungen betrachtet. Denn gerade damit hatte unsere Entscheidung wenig zu tun. Geschichtliche Entscheidungssituationen sind eben nicht eindimensional. Verschiede-

2 Über sein Leben berichtet die nach Akten des Auswärtigen Amtes zusammengestellte Dokumentation: Ministerialdirigent a.D. Dr. h.c. Edmund F. Dräcker, Leben und Werk, Eine Dokumentation, München: Moos 1974

ne, voneinander unabhängige Entwicklungsstränge laufen zusammen, verknüpfen sich zu ganz neuartigen, individuellen Ereigniskonstellationen und verleihen einer vielleicht ganz peripheren und begrenzten Entscheidung eine zentrale politische Dimension. Der politisch Handelnde aber kann die Bedeutung und die Folgen dessen, was er tut, nur unvollkommen ermessen. Noch weniger kann er den Lauf der Geschichte planen. „Der Mensch kann den Strom der Zeit nicht schaffen, er kann nur auf ihm fahren und steuern." Mit diesen Worten Otto von Bismarcks hat unser Bundeskanzler eine tiefe Wahrheit ausgesprochen.[3]

3 Helmut Kohl: Regierungserklärung vom 4. Mai 1983, Plenarprotokoll 10/4, S. 74

Irritationen in der Allianz

Mit dem Eintritt in die achtziger Jahre vollzieht sich ein tiefgreifender Wandel der internationalen Beziehungen, in dessen Verlauf sich die großen Linien einer neuen politischen Konstellation herausbilden. Neue Probleme kamen auf uns zu. Neue Fragen mußten wir beantworten. Der außenpolitische Entscheidungsprozeß der Bundesrepublik geriet in eine äußerst kritische Phase. Wer sich ein Verständnis für die Herausforderungen erwerben will, denen wir uns zunehmend ausgesetzt gesehen haben, muß besondere Aufmerksamkeit der Verschiebung im Verhältnis der Vereinigten Staaten zu Westeuropa schenken.

Am 27. Dezember 1979 besetzten sowjetische Truppen den Präsidentenpalast in Kabul. Staatspräsident Amin wurde gestürzt. Die Sowjetunion hat damit das erste Mal seit dem Zweiten Weltkrieg ein Land außerhalb des Warschauer Paktes militärisch besetzt. Am 4. Januar 1980 antwortete der amerikanische Präsident mit dem Lieferstopp von Getreide und fortgeschrittener Technologie. Jähe Konfrontation brach über die Beziehungen der beiden Supermächte herein. In Washington sprach man plötzlich wieder von „Containment", von Eindämmung, und von „Kaltem Krieg". Für die amerikanische Außenpolitik, die unter Jimmy Carter programmatisch auf Entspannung und Kooperation ausgerichtet war, wirkte die militärische Intervention der Sowjetunion in Afghanistan wie ein Schock. In einem ABC-Interview am 1. Januar 1980 brachte Carter zum Ausdruck, daß sich seine Einstellung den Sowjets gegenüber in der Woche nach Afghanistan weitaus grundlegender geändert habe als jemals während der verflossenen zweieinhalb Jahre seiner Amtszeit.[4] Aus der Sicht der USA wurde durch die Afghanistan-Intervention eine globale Krise ausgelöst; das internationale Kräftegleichgewicht war in Frage gestellt. Für die USA ging es darum, mit einer angemessenen Reaktion die Glaubwürdigkeit als Führungsmacht der westlichen Welt zu bewahren. Die Sowjets mußten bestraft werden.

Von den Nato-Staaten wurde Gefolgschaft erwartet. Aber Helmut Schmidt übte Gelassenheit. Das mit der Entspannungspolitik Erreichte im Ost-West-Verhältnis galt es zu bewahren. Der Gesprächskontakt zwischen den Supermächten durfte nicht abreißen. Überdies sei Entspannung teilbar. Der eigene Handlungsspielraum sollte bewahrt werden. Auch waren bereits Treffen mit Honecker und Breschnew abgesprochen.[5]

Während die USA als Reaktion auf die Afghanistan-Intervention die Entspannungspolitik aufkündigten, stellten der französische Präsident und der deutsche Bundeskanzler in einer gemeinsamen Erklärung mit einer gewissen Zurückhaltung fest, „daß die Entspannung einem neuen Schlag gleicher Art nicht standhalten würde“.[6]

Die Atlantische Allianz war nie frei von Meinungsverschiedenheiten. Aber die Afghanistan-Krise unterschied sich von früheren Vorgängen. „Es handelte sich um den ersten Ost-West-Konflikt, der die Bündnisse nicht festigte, sondern teilte.“[7] Die Europäer zeigten Distanz zu ihren Vormächten. Ihr Interesse konzentrierte

4 „My opinion of the Russians has changed most drastically in the last week — more than even in the previous two and one-half years before.“

5 Eine differenziertere Darstellung der amerikanischen und der deutschen Reaktionen auf die Afghanistan-Intervention bietet Henning Behrens: Die Afghanistan-Intervention der UdSSR, München: tuduv 1982, S. 85 – 108 und S. 158 – 175.

6 *Europa-Archiv,* Folge 7, 1980, D 166

7 Peter Bender: Das Ende des ideologischen Zeitalters. Die Europäisierung Europas, Berlin: Severin und Siedler 1981, S. 13

sich darauf, die internationale Krise vom eigenen Kontinent fernzuhalten.

Afghanistan war der Auftakt eines politischen Prozesses, in dessen Verlauf die Gegensätze zwischen Westeuropa und seiner Schutzmacht immer deutlicher hervortraten. In den USA wurden diese Differenzen mit zunehmender Schärfe registriert. Um den Vorgang zu verstehen, muß man sich in die Situation der Amerikaner hineinversetzen.

Richard Allen, Nationaler Sicherheitsberater des Präsidenten, sagte im Dezember 1981 in einem Interview: „Die Europäer tendieren mehr und mehr dahin, ihre Interessen anders zu definieren als wir es tun."[8] Und in der Tat haben die Westeuropäer nach Afghanistan — in den Augen der Amerikaner — kaum eine Gelegenheit ausgelassen, ihre Distanz zu den USA deutlich zu machen, ob es nun um den Iran, um Libyen oder um den Osthandel ging. Maßnahmen der US-Administration stießen stets auf Bedenken, auf Ablehnung und Kritik. Stets waren irgendwelche besonderen westeuropäischen Interessen gefährdet. Ende Juni 1980, nur sechs Monate nach Carters Boykottmaßnahmen, reiste Schmidt nach Moskau, um ein „Programm zu langfristiger wirtschaftlicher Zusammenarbeit" zu unterzeichnen. Im September 1981 erhalten Mannesmann und Creuzot-Loire den ersten Auftrag für das Erdgas-Röhren-Geschäft. Im November unterzeichnen die Ruhrkohle AG und Sojusgasexport ein langfristiges Abkommen über die Lieferung von Erdgas ab 1984. Zwei Tage später trifft Breschnew in Bonn ein. Als das Kriegsrecht über Polen verhängt wird, hält sich Helmut Schmidt gerade in der DDR auf. Zwei Wochen später wird der stellvertretende Ministerpräsident Rakowski in Bonn empfangen. Der Bundestag unterstützt am 14. Januar die „besonnene Haltung" der Bundesregierung in der Polen-Krise. Am 19. Februar reist Wehner nach Warschau. Zugleich aber stoßen auch hier wieder die amerikanischen Sanktionen gegen die Sowjetunion vom 29. Dezember 1981 auf Ablehnung und Kritik. Nur zögernd kündigen die Nato-

8 *Stern-Magazin,* Nr. 53, 23. Dezember 1981, S. 113

Außenminister am 11. Januar eine Verschärfung des politischen Kurses gegen die Sowjetunion an. Erst am 15. März schließen sich die EG-Länder mit sehr zurückhaltenden Einfuhrbeschränkungen für sowjetische Güter an.

Wie immer man auch dieses Verhalten bewerten will, so kann man sich doch der Feststellung nicht entziehen, daß die Westeuropäer in amerikanischer Perspektive einen ganz eindeutigen Eindruck hervorrufen mußten. Die Westeuropäer schienen an einem ungetrübten Verhältnis zur Sowjetunion ein wesentlich stärkeres Interesse zu haben als an einem solchen zu den Vereinigten Staaten. Es war nicht nur „Äquidistanz", die demonstrativ vorgeführt wurde, es war vielmehr schon der Eindruck, als bewege sich Westeuropa immer stärker in den Machtschatten der Sowjetunion.

Die Bundesregierung nahm hier als „Eckstein der Allianz" eine Sonderstellung ein. Die Reaktionen auf Afghanistan zogen Differenzen zwischen Westeuropa und den Vereinigten Staaten nach sich. Die Reaktionen auf Polen aber rückten die Bundesrepublik ins Zentrum der Aufmerksamkeit. Geschichtlich ist die deutsche Frage seit Jalta mit Polen verknüpft. Darauf hat auch Helmut Schmidt aufmerksam gemacht. Und gerade er zeigte sich besonders bemüht, auch an Polen die Entspannung nicht scheitern zu lassen. Der Einfluß der Sowjetunion wurde heruntergespielt. Jaruzelski wurde als Rettung vor einer Katastrophe, dem sowjetischen Einmarsch nämlich, interpretiert. Das wurde in den amerikanischen Medien natürlich mit gebührender Aufmerksamkeit herausgestellt.

Besondere Beachtung aber fand die Friedensdemonstration vom Oktober 1981 im Bonner Hofgarten. Sie ist der immer wieder zitierte Beweis für wachsenden Neutralismus und Antiamerikanismus in Westdeutschland. Das Verhalten der Bundesregierung in der Polen-Krise mit der zugleich sich schnell ausbreitenden Friedensbewegung schienen untrügliche Zeichen einer politischen Umorientierung der Bundesrepublik zu sein.

Ein weiteres Indiz wurde in der angeblich schnell wachsenden Abhängigkeit der Bundesrepublik vom Osthandel gesehen. Zwar betrug der Anteil der Staatshandelsländer an der Gesamtausfuhr im

Jahre 1980 nur fünfeinhalb Prozent[9], aber einige hohe Experten in der Reagan-Administration behaupteten, daß der wirkliche Anteil irgendwo zwischen 24 und 27 Prozent liege.[10]

Vor dem Hintergrund der neokonservativen Welle verbanden sich solche Nachrichten in den USA zu einem Bild einer Bundesrepublik, die eigentlich das Bündnis bereits verlassen hat. Über die eingeschlagene Richtung gab es keine Zweifel. „In Westdeutschland", so Zbigniew Brzezinski, „breitet sich wieder die Sehnsucht nach den alten geschichtlichen Bindungen zum Osten aus."[11]

Wie sollte diese Entwicklung der amerikanischen Diskussion beurteilt werden? Im Auswärtigen Amt, aber besonders im Kanzleramt, nahm man solche Tendenzen zunächst nicht sonderlich ernst. Erst im Laufe des Jahres 1981, beschleunigt dann durch die Polen-Krise, setzte sich auf der Arbeitsebene des Auswärtigen Amtes die Einsicht durch, daß ein außenpolitischer Kurswechsel unumgänglich sei. In einem Arbeitspapier wurde die überfällige Erkenntnis festgehalten, daß die USA entschlossen seien, „der von ihnen gesehenen weltweiten Expansionspolitik der SU (d.i. der Sowjetunion, H.D.) weltweit entgegenzutreten und dabei ernst zu machen mit dem von Kissinger proklamierten Prinzip der Unteilbarkeit der Entspannung".[12] Angesichts der Meinungsverschiedenheiten mit den Amerikanern, aber auch mit Frankreich, England und Italien „können wir die Augen nicht davor verschließen, daß unsere Ostpolitik zunehmend in Gegensatz zu unserer Allianzpolitik zu geraten droht".

Für unsere Urteilsbildung war es überhaupt nicht relevant, ob wir

9 *Monatsberichte der Deutschen Bundesbank,* Nr. 8, August 1982, S. 75

10 „But some high Reagan Administration political analysts believe that the true figure lies somewhere between 24% and 27%." *Business Week,* Nr. 2717, 7. Dezember 1981, S. 80 — Auch wenn es keinen Anlaß gibt, die deutschen Angaben in Zweifel zu ziehen, so muß doch eingeräumt werden, daß das *politische* Gewicht des Osthandels seinen quantitativen Anteil natürlich bei weitem übertrifft.

11 „Brzezinski noted recent signs that West Germany, linked economically to the West, is exhibiting yearnings for its historical relationship with the East." *Chicago Sun-Times,* 19. Februar 1982, S. 5

12 Interne Studie des Auswärtigen Amtes, *Der Spiegel,* Nr. 4, 25. Januar 1982, S. 24; das folgende Zitat S. 23

die amerikanische Sicht der Dinge teilten — kaum einer teilte sie nämlich. Es reichte völlig aus, daß die Amerikaner von ihrer eigenen Einschätzung überzeugt waren. Denn das allein ist natürlich maßgeblich für den außenpolitischen Entscheidungsprozeß der US-Administration. Westeuropäische Korrekturversuche bleiben in Washington meist wirkungslos, eher noch rufen sie Ärger hervor. Churchill bemerkte einmal: „Es ist viel leichter, die Amerikaner in Wut zu versetzen als sie einzuschüchtern."

Hinter der Entwicklung politischer Interessendifferenzen zwischen Westeuropa und den USA verbirgt sich ein Vorgang, der vielleicht viel schwerwiegender ist. Es ist die seit den siebziger Jahren sich verschärfende atlantische Konkurrenz zwischen den USA und der EG auf wirtschaftlichem Feld. Der Osthandel ist eine mehr politisch-ökonomische Mischform. In den siebziger Jahren zeichnet sich ab, daß die EG bei ungebrochenem Entwicklungstrend die USA ökonomisch überrunden würde. Die Warnung vor einem Handelskrieg ist keine Übertreibung. An den subventionierten EG-Stahlexporten in die USA und am Verdrängungswettbewerb auf dem Weltgetreidemarkt kam diese Auseinandersetzung 1981 und 1982 offener zum Ausbruch. Mit dem Beginn der achtziger Jahre verbanden sich die aufbrechenden politischen Differenzen mit den ökonomischen Interessengegensätzen zu einer für Westeuropa explosiven Mischung. Insofern ist unser Problem nicht nur ein „intellektueller Bruch" zwischen Europa und Amerika. Vielmehr haben sich die schon länger abzeichnenden Interessendivergenzen auf die politisch-intellektuelle Ebene durchgeschlagen. Die Amerikaner sehen das nicht anders. Denn ihre Politik ist nicht weniger vom Primat der handelspolitischen Interessen geprägt als die unsere.

Solche Interessendivergenzen könnten aber ernsthafte Folgen nach sich ziehen. Die europäisch-amerikanische Zusammenarbeit nach dem Zweiten Weltkrieg schuf die Voraussetzungen für die heutige relativ liberale Weltwirtschaftsordnung auf der Grundlage des Internationalen Währungsfonds und des GATT-Systems. Das Funktionieren dieser Institutionen ist auch heute noch an die europäisch-amerikanische Übereinstimmung in grundlegenden Fragen gebunden. Sollte sich aber die Nordatlantische Verteidigungsallianz auflösen, so könnte auch die transatlantische Zusammenarbeit auf der monetären und der handelspolitischen Ebene auseinanderbrechen.[13] Die Folgen wären verheerend, vor allem für uns.

Aus dieser Konstellation heraus wird ersichtlich, daß der Nato eine politische Funktion zukommt, die weit über ihre militärischen Aufgaben hinausgeht. Wenn nämlich die handelspolitischen Auseinandersetzungen mit den USA zunehmen sollten, würden sich Gemeinsamkeiten immer mehr auf die militärische Zusammenarbeit beschränken.

13 „U.S.-European cooperation after World War II created the framework for today's relatively open international economic system, built on the International Monetary Fund and the General Agreement on Tariffs & Trade. These institutions still depend heavily on a consensus on fundamental issues between the U.S. and Europe. If the North Atlantic military alliance unravels, transatlantic cooperation of monetary and trade policies would pull apart, too.“ *Business Week,* Nr. 2717, 7. Dezember 1981, S. 85

Verwirrung in Bonn

In der politischen Diskussion der USA trat im Laufe des Jahres 1981, zunächst noch verdeckt, die Frage nach dem künftigen Verhältnis zu Westeuropa und insbesondere zur Bundesrepublik in den Vordergrund. Die Bundesrepublik als zuverlässiger Bündnispartner wurde zunehmend in Frage gestellt. Zunächst waren es vor allem südwestlich geprägte Konservative, die sich dieser Frage annahmen. Im Spätherbst 1981, im Winter und im folgenden Jahr aber begannen sich auch einflußreiche Politiker, Abgeordnete und Regierungsmitglieder für das Thema zu interessieren. In einflußreichen Zeitschriften wurden entsprechende Aufsätze publiziert. So hieß es etwa in der renommierten Zeitschrift *Foreign Policy*, daß der politische Konsens Westdeutschlands, für fast dreißig Jahre der Eckstein eines stabilen Westeuropas, zu zerbröckeln beginne.[14] Ein halbes Jahr später konnte man lesen, daß Wohlwollen und gegenseitiges Interesse zwischen Westeuropa und der Sowjetunion ebenso schnell zunähmen, wie sie sich zwischen Westeuropa und den Vereinigten Staaten auflösen würden.[15] Zumindest die Bundesrepublik bot zu

14 „West Germany's political consensus, for nearly thirty years the cornerstone of a stable Western Europe, is starting to crumble." G. Thomas Gibson: Dateline West Germany, The Marred Miracle, *Foreign Policy,* Nr. 46, Frühjahr 1982, S. 175

15 „Bonds of sympathy and a community of interests are developing as rapidly between Western Europe and the Soviet Union as they are dissolving between Western Europe and the United States." David A. Andelman: Struggle over We-

jener Zeit genügend Material für düstere Perspektiven. Die Stichworte werden immer wieder zitiert: antiamerikanische Demonstrationen, die Erfolge der „Grünen“, Anschläge auf US-Einrichtungen, die Parteispendenaffäre, die Koalitionskrise zwischen den Sozialdemokraten und den Liberalen, Arbeitslosigkeit, der Skandal um die „Neue Heimat“, stockendes Wirtschaftswachstum, technologischer Rückstand und natürlich: Afghanistan, Polen, das Erdgas-Röhren-Geschäft und die Raketendebatte. Gerade die immer schrillere Kritik der Westdeutschen an der Sicherheitspolitik der US-Administration irritierte die Amerikaner.

Daß die Bundesrepublik ins Zwielicht geriet, war noch zu ertragen. Zunehmende Sorgen aber bereiteten uns die Drohungen, die amerikanischen Truppen aus der Bundesrepublik oder Westeuropa abzuziehen. Schon im September 1981 wurde diese Drohung als realistische Möglichkeit während einer Tagung der Konrad-Adenauer-Stiftung mehrfach vorgetragen. So erklärte ein Mitarbeiter von Senator Helms, daß es heute in Amerika viele Leute gäbe, die verärgert seien und es satt hätten zuzusehen, „wie ‚Onkel Sam‘ auf Händen und Knien kriechend die Europäer bittet, ihm doch zu erlauben, sie zu verteidigen“.[16] Und er deutete die Möglichkeit an, daß über die Massenmedien die Ausgaben für die Modernisierung der Mittelstreckenwaffen im Kongreß zu Fall gebracht werden könnten. Er bat die Deutschen um ihre Hilfe, denn sonst würde es im Kongreß und in der Administration nicht gelingen, die Ermächtigung und die Haushaltsmittel für die neuen Mittelstreckenraketen zu erhalten.[17] Von dieser Frage aber würde es abhängen, ob die amerikanischen Truppen in Europa bleiben würden.[18] Im Dezember des gleichen Jahres hieß es in einer amerikanischen Wirtschafts-

stern Europe, *Foreign Policy*, Nr. 49, Winter 1982, S. 37

16 John Carbaugh: Referat, in Hans Rühle u.a. (Hrsg.): Der Neokonservativismus in den Vereinigten Staaten und seine Auswirkungen auf die Atlantische Allianz, Konferenz, 3.-6. September 1981, Melle: Knoth 1982, S. 365

17 Ebd., S. 375

18 „Warum sollte man nicht planen — und dies auch laut sagen —, daß im Falle eines Angriffs auf die Nato diese zur Offensive übergehen, nach Osten durchbrechen und die Völker Osteuropas befreien würde.“ „Wenn die amerikanischen

zeitschrift, daß in den kommenden Monaten gegen die Nato-Verpflichtungen der USA heftige innenpolitische Attacken geführt würden. Einige Militärstrategen in Washington würden darauf dringen, daß die Truppen nach Hause gebracht werden sollten, wenn ihnen zu ihrer Verteidigung die neuen Cruise Missiles und die Pershing-Raketen vorenthalten würden.[19] Eine Woche später stellte Ronald C. Nairn im *Wall Street Journal* Überlegungen über die Vorteile und Nachteile eines Rückzugs aus Westeuropa an. Die Bilanz fiel positiv für einen Rückzug aus.[20] Paul Seabury von der „University of California" bemerkte dazu, daß Nairn offen ausgedrückt habe, was in den vergangenen Monaten „von einigen einflußreichen Amerikanern" vertraulich diskutiert worden sei, „die die Hoffnung aufgegeben hätten, daß Europa noch klarkomme; sie glauben, daß es für eine Großmacht zur Wahrung ihrer vitalen Interessen noch andere Wege gäbe als von der Gnade und dem Mitleid widerwilliger und jammernder Vasallen abzuhängen".[21]

Solche Äußerungen mochte man allesamt für einen Ausdruck einer politischen Stimmung halten, die sich schon wieder legen werde. Als ernsthafter aber mußten wir die Aussage des amerikanischen Botschafters in der Bundesrepublik, Arthur F. Burns, verstehen. Am 1. Dezember 1981 richtete er in einer Rede vor der „Deut-

Truppen diese Fähigkeit wieder erhalten, ist es vernünftig, daß sie in Europa bleiben. Andernfalls ist es vernünftig, sich zurückzuziehen." Angelo Codevilla: Referat, in Hans Rühle, u.a. (Hrsg.): Der Neokonservativismus, S. 363 und 364

19 „In the coming months, the U.S. commitment to Nato will be under strong domestic attack. Some military strategists in Washington will demand that if the new cruise and Pershing missiles are not allowed in Europe to defend the U.S.'s outgunned 300,000-member army there, the troops should be brought home." *Business Week*, Nr. 2717, 7. Dezember 1981, S. 85

20 Ronald C. Nairn: Should the U.S. Pull Out of Nato? *The Wall Street Journal,* Eastern Edition, Nr. 117, 15. Dezember 1981, S. 30

21 „He (d.i. Ronald C. Nairn) performs the service (or disservice) of openly expressing what has been privately discussed in recent months by some influential Americans who now despair of Europe's getting its act together, and who believe that there are other ways in which a great power can handle its vital affairs than by depending on the favors and mercies of reluctant, complaining dependents." Paul Seabury: Nato, Thinking About the Unmentionable, *The Wall Street Journal,* Eastern Edition, Nr. 124, 24. Dezember 1981, S. 6

schen Gesellschaft für Auswärtige Politik" in Bonn die Warnung an die Bundesregierung, daß die 350000 amerikanischen Soldaten nicht in Europa bleiben werden, wenn sie nicht willkommen wären.[22] Im Januar wiederholte Burns seine Warnung in einem Interview mit der sozialdemokratischen Wochenzeitung *Vorwärts*. Er sagte, daß der Punkt, an dem ernsthaft über einen Abzug der US-Truppen nachgedacht werde, zwar noch nicht erreicht sei. Er halte es aber für sinnvoll, sich darauf vorzubereiten, daß dieser Punkt erreicht werden könnte.[23]

In jenem Januar wurde auch das Stichwort „Jalta" lanciert. Helmut Schmidt hat es aufgegriffen, um damit seine Haltung zu Polen zu rechtfertigen. Europa sei nun einmal von den Großmächten geteilt worden. Und im Rahmen dieser politischen Realität könne es für die Polen keine Freiheit geben. Es seien alle Bestrebungen zu begrüßen, die eine Eskalation in Polen vermeiden.

Unsere amerikanischen Freunde meinten mit dem Stichwort etwas anderes. Sie stellten damit ganz schlicht die Nachkriegsordnung in Europa und den politischen Standort der Bundesrepublik

22 „Es gibt Menschen in meinem Land, die wegen der jüngsten politischen Regungen in Deutschland und anderswo in Westeuropa besorgt und irritiert sind. Sie stellen ernste Fragen wegen der Demonstrationen junger Menschen gegen eine Politik, die die Grundlage des Atlantischen Bündnisses bildet. Sie sind verwundert über Presseberichte von dringenden Forderungen nach dem Abzug amerikanischer Waffen aus Europa oder der Entmilitarisierung Deutschlands. Das amerikanische Volk bringt materielle und persönliche Opfer, indem es rund 350000 amerikanische Soldaten in Europa unterhält. Sie sind hier stationiert, um die Erhaltung des Friedens zu gewährleisten, damit in unseren westlichen Gesellschaften die demokratische Lebensform erhalten werden kann. Sie werden nicht bleiben, wenn sie nicht willkommen sind." Arthur F. Burns: Vortrag vor der Deutschen Gesellschaft für Auswärtige Politik in Bonn am 1. Dezember 1981, *Europa-Archiv*, Folge 24, 1981, D 663 f.

23 „Vorwärts": „In einer Rede haben Sie vor einiger Zeit gesagt: Amerikanische Truppen werden nicht in Europa bleiben, wenn sie nicht willkommen sind. Ist der Punkt erreicht, wo über einen Abzug der US-Truppen ernsthaft nachgedacht wird?" Burns: „Ich denke nicht. Aber ich halte es für sinnvoll, darauf vorbereitet zu sein, daß ein solcher Punkt erreicht werden könnte. Meine Absicht war es, die Deutschen und die Amerikaner ehrlich darauf aufmerksam zu machen, daß eine solche Gefahr besteht und wir deshalb Schritte unternehmen sollten, um sie abzuwenden." Arthur F. Burns: Interview, *Vorwärts*, Nr. 4, 21. Januar 1982, S. 12

in Frage. Am 8. Februar 1982 führte Zbigniew Brzezinski vor dem gewiß nicht unbedeutenden „Council on Foreign Relations" in New York aus, daß „wir laut darüber nachdenken sollten, wie und in welcher Hinsicht sowohl der Charakter der beiden Bündnissysteme als auch ihre Beziehung untereinander verändert werden sollten".[24] Er verlangte die Überprüfung des Vermächtnisses der Jalta-Konferenz von 1945, die die Welt tatsächlich in Einflußsphären aufgeteilt habe. Er führte seinen Vorschlag nicht im einzelnen aus, bekannt war aber, daß er unter anderem über einen Rückzug der US-Truppen und die Einrichtung von atomwaffenfreien Zonen nachdachte. Als mögliche Konsequenz sah Brzezinski die Wiedervereinigung Deutschlands. Er wies in seiner Rede darauf hin, „daß in Europa Kräfte im Spiel seien, die einen solchen Plan sowohl für Westeuropa als auch für die Sowjetunion interessant machen würden". Insbesondere könnte, fügte er hinzu, sein Plan von „den pazifistischen und neutralistischen Tendenzen in Europa" profitieren.

In jenem Winter ergab sich für uns etwa folgendes Bild: im Kongreß und in außenpolitischen Kreisen der USA wächst die Bereit-

24 „,We need to start thinking out loud as to how and in what respects both the character of the two alliance systems and the relationship between them ought to be changed,' Brzezinski said." „Brzezinski calls for reconsideration of the legacy of the 1945 Yalta Conference, which effectively divided the world into spheres of influence." „The ultimate result of such a plan would be an end to U.S. military domination of Western Europe and Soviet domination of Eastern Europe. It could even produce reunification of Germany, perhaps as a nonaligned nation." „But he argued that there are forces in play in Europe that make such a plan of interest to both Western Europe and the Soviet Union." „Brzezinski thinks his idea also could take advantage of current European pacifist and neutralist tendencies." *Chicago Sun-Times,* 19. Februar 1982, S. 5 — Brzezinski präzisierte seine Aussage zu Jalta im Sommer 1983: „To be sure, in a formal sense, the Yalta agreement had nothing to do with the division of Europe. In a broader historical sense, however, the aftermath of Yalta, shaped in part by the dynamism of the Yalta agreements, led to the division of Europe and certainly the division of Germany." Und weiter: „In a sense, the division of Germany is the fundamental reason why the Yalta legacy, the Yalta system, cannot endure because it is evident that it is only by external factors and forces that the division of Germany is perpetuated. That division continues to act as a catalyst for change." Zbigniew Brzezinski: The Atlantic Crisis, A Personal View, *Atlantic Quarterly*, Nr. 2, Sommer 1983, S. 99

schaft, das Verhältnis zu Westeuropa und zur Bundesrepublik neu zu überdenken. Es breitet sich das Gefühl aus, daß die Atlantische Allianz an einem Scheideweg angekommen sei. Das zukünftige Verhältnis der USA zur Nato wurde zunehmend mit der Debatte um die neuen Mittelstreckenwaffen und dem geplanten Erdgas-Röhren-Geschäft verknüpft.[25]

Diese Einschätzung verursachte unter den führenden Leuten in Bonn einige Unruhe.[26]

25 Vergleiche auch die Äußerung von Arthur F. Burns aus der in Anm. 22 zitierten Rede: „Ich würde jedoch meine Verantwortung als Vertreter meines Landes vernachlässigen, wenn ich Ihnen nicht auch sagen würde, daß die Nukleardebatte in Europa in den Vereinigten Staaten mit wachsender Besorgnis verfolgt wird. Die Debatte wird zu einem Kampf um die Seele Europas mit klaren Alternativen." (D 664) Vergleiche weiter Äußerungen aus dem Kongreß, *Süddeutsche Zeitung*, Nr. 52, 4. März 1982, S. 1 f.

26 „The extent and depth of anti-West German comment in American political and press circles in the last few weeks has shaken the Bonn establishment seriously." Hugh Stephenson: The German confidence that makes an identity crisis, *The Guardian Weekly*, 31. Januar 1982, S. 7

Ein historischer Neuanfang

Zeitlich parallel zu den Verwerfungen im deutsch-amerikanischen Verhältnis entwickelte sich in der Bundesrepublik ein Prozeß, der zu einer tiefgreifenden innenpolitischen und gesellschaftlichen Verunsicherung führte. Der jüngste Einbruch der wirtschaftlichen Entwicklung unterscheidet sich ganz grundsätzlich von früheren Wirtschaftskrisen. Das gilt auch für die Aussicht auf eine wirtschaftliche Erholung. In den Jahren 1979 und 1980 steigt die Arbeitslosigkeit stark an. Im gleichen Zeitraum steigt auch die Zahl der Konkurse und der Vergleiche, die seit 1977 zurückgegangen war. Die Arbeitslosigkeit selbst ist als Kumulation unabhängiger Entwicklungslinien zu verstehen. Durch die Bevölkerungsentwicklung nimmt die Zahl der Produzenten im Verhältnis zu derjenigen der Konsumenten zu. Die technologische Innovation verlagert sich zunehmend von der Güterproduktion auf die Produktionsverfahren. So steigt zum Beispiel die Zahl der von einem Arbeiter produzierten Automobile beständig an. Und endlich machen sich seit den siebziger Jahren auf dem Binnenmarkt zunehmend relative Sättigungstendenzen bemerkbar. Unter den Bedingungen eines weitgehend gesättigten Marktes hält der Konsum mit der wachsenden Produktion nicht mehr Schritt. „Nicht die Angebots-, sondern die Nachfrageseite stellt den Engpaß dar. Was wir brauchten, sind einige Millionen zusätzlicher kaufkräftiger Konsumenten, gewissermaßen Gastverbraucher, wenn diese nicht die unerwünschte Eigenschaft hätten, auch Arbeitsplätze zu beanspruchen."[27]

Der Glaube an die unerschütterliche Wirtschaftskraft der größten Industrienation Europas ist im Schwinden begriffen. Das Problem liegt im „Ausbleiben weiteren Erfolgs nach voraufgegangenem Erfolg".[28] Die politische Sprengkraft ergibt sich daraus, daß das Wirtschaftswachstum bisher das fundamentale Legitimationsdefizit der Bundesrepublik überdecken konnte. Daß unser Staat keine wirkliche innere Haltekraft besitzt, ist darum eigentlich erst in dem Augenblick aufgefallen, als die Hauptstütze des wirtschaftlichen Wachstums einzubrechen drohte. Dieses Problem ist von der Entstehung der Bundesrepublik her begründet. Die Keimzelle unseres Staates wurde mit der Reorganisation der Bizonenverwaltung im Februar 1948 geschaffen.[29] Über die Einbeziehung der Westzonen in den Marshall-Plan im April 1948 und die Währungsreform im Juni des gleichen Jahres wird das wirtschaftliche Fundament des künftigen Staates angelegt. Das wachsende Einverständnis in der westdeutschen Bevölkerung mit der Staatsgründung verdankt sich nicht zuletzt der Überzeugungskraft, die eine bessere Ökonomie besitzt. Das psychologische Arrangement mit der Teilung Deutschlands mußte um so leichter fallen, je besser es einem dabei ging. Mit der Gründungsgeschichte unseres Staates wurde die bis heute gültige existentielle Verknüpfung wirtschaftlicher Prosperität und innenpolitischer Stabilität angelegt.

Das Vertrauen in die innenpolitische Stabilität wurde seit 1980 einer wachsenden Belastung ausgesetzt. Ein beträchtlicher Teil der jungen Generation hat dem politischen System den Konsens aufgekündigt. Die „Grünen" sind das sichtbare Symptom einer unterirdischen Schollenverschiebung. Das traditionelle politische Muster von „Links" und „Rechts" wird relativiert. Die junge Generation

27 Erwin Dichtl: Die mangelnde Nachfrage, *Wirtschaftswoche,* Nr. 4, 20. Januar 1984, S. 74

28 Herman Kahn: Ein Land ohne Perspektiven, *Die Zeit,* Nr. 16, 16.4.1982, S. 25

29 Vergleiche Rolf Steininger: Deutsche Geschichte 1945 – 1961, Zweiter Band, Frankfurt: Fischer 1983, S. 281 – 284

ist kulturell amerikanisiert und politisch deamerikanisiert: in gewissem Sinne eine Umkehrung des Musters, das meine eigene Generation prägt.[30] Große Teile der jungen Generation neigen dazu, Wertvorstellungen und Ziele der amerikanischen Politik abzulehnen. Das Erscheinungsbild und die sozialen Umgangsformen der jungen Generation, die Inhalte und Ausdrucksformen ihrer „Kultur" verraten aber zugleich deutlich genug den amerikanischen Ursprung. Das gilt nicht weniger für die politische Kultur; genannt sei nur der eigenartige Hang zur „action". Den antiamerikanischen Protesten liegen eigentlich Aktionsformen nach amerikanischem Vorbild zugrunde.

Von einer anderen Seite her haben seit Dezember 1981 die Parteispendenaffäre und seit Februar 1982 der Skandal um das Gewerkschaftsunternehmen „Neue Heimat" tragende politische Institutionen ins Zwielicht gerückt.

Im Jahre 1982 verdichteten sich diese Ereignisse und Impressionen zum atmosphärischen Gefühl, daß etwas zu Ende gegangen ist, daß wir am Ende einer Ära angelangt sind. Die außenpolitischen und innenpolitischen Linien schienen in einer Entscheidungssituation zusammenzulaufen.

Das Jahr 1982 schien in der Tat, wie Hans-Dietrich Genscher es zwei Tage vor dem Jahreswechsel nannte, zum „Schicksalsjahr" zu werden. Ich hatte den Eindruck: die erste Runde in der Geschichte unseres Staates haben wir insgesamt erfolgreich hinter uns gebracht. Jetzt standen wir vor der Frage: Wie steigen wir in die zweite Runde ein? Entscheidungen großer Reichweite waren jetzt wohl zu treffen. Die Fundamente unseres Staates waren neu zu gründen. Es ging darum, „einen historischen Neuanfang zu setzen".[31] Wir waren ergriffen, als unser Bundeskanzler im Oktober seine Regie-

30 „Ms Kelly is as American as apple pie; yet politically she views the United States as increasingly irrelevant, no longer as a model for the future (...)." Zbigniew Brzezinski: The Atlantic Crisis, A Personal View, *Atlantic Quarterly,* Nr. 2, Sommer 1983, S. 97

31 Helmut Kohl: Regierungserklärung vom 13. Oktober 1982, Plenarprotokoll 9/121, S. 7216; die folgende Äußerung S. 7229

rungserklärung mit jenen denkwürdigen Worten schloß, die schon Konrad Adenauer an das Ende seiner ersten Regierungserklärung vom 20. September 1949 stellte: „Wir hoffen — das ist unser Ziel —, daß es uns mit Gottes Hilfe gelingen wird, das deutsche Volk aufwärts zu führen und beizutragen zum Frieden in Europa und in der Welt."

Die Gegenwart Adenauers

Als erstes mußte es darum gehen, die deutsch-amerikanischen Beziehungen aus dem Zwielicht zu befreien, die Freundschaft zu bekräftigen und zu stabilisieren.[32]

Der politische Standort der Bundesrepublik wird durch ihre atlantische, ihre westeuropäische und ihre mitteleuropäische Beziehung bestimmt.[33] Die Entspannungspolitik in den siebziger Jahren bot die Chance, der mitteleuropäischen Beziehung ein Eigengewicht zu geben. Mit dem Beginn der achtziger Jahre zeichnete sich ab, daß die Prioritäten neu zu setzen waren. Helmut Schmidt verschloß sich dieser Einsicht. Auffälliges Zeugnis ist die Studie aus dem Kanzleramt vom Frühjahr 1982. Zwar soll, wie es dort heißt, „insgesamt der Eindruck von Äquidistanz vermieden werden; allerdings ist der Eindruck eines ‚Dritten Weges' wichtig".[34] Das konnte ja nur bedeuten, daß man sich stark genug glaubte, um sich willentlich

32 „Hier verbinden sich die Grundwerte unserer freiheitlichen Verfassung, für die wir stehen, die wirtschaftlich-soziale Ordnung, in der wir leben, und die Sicherheit, die wir brauchen. Daraus ergeben sich für die Bundesregierung klare Prioritäten: Erstens. Wir werden die deutsch-amerikanischen Beziehungen aus dem Zwielicht befreien, die Freundschaft bekräftigen und stabilisieren." Helmut Kohl: Regierungserklärung vom 13. Oktober 1982, Plenarprotokoll 9/121, S. 7220

33 Vergleiche Pierre Hassner: The Shifting Foundation, *Foreign Policy,* Nr. 48, Herbst 1982, S. 19

34 *Der Spiegel,* Nr. 20, 17. Mai 1982, S. 23; das folgende Zitat ebd.

in einen Gegensatz zur Entwicklung der internationalen Lage zu setzen; daß man glaubte, seine „Geschicke stärker selbst in die Hand nehmen“ zu können.

Helmut Schmidt hat den Versuch gemacht, die Politik aus den siebziger Jahren unter veränderten Bedingungen unverändert fortzuführen. Das mußte alles in Frage stellen. Schmidt wurde untragbar. Er ragte immer mehr wie ein Fossil in die achtziger Jahre hinein. Er hat das Gewicht unseres Staates unter den neuen Bedingungen überschätzt.

Natürlich akzeptierten wir Schmidt als fähigen und anerkannten Politiker. Die Sympathie für unseren neuen Bundeskanzler ist begrenzt. Aber Helmut Kohl hat eine Stärke. Das ist sein Instinkt für das politisch Unumgängliche. Und wenn wir an Konrad Adenauer den aufrechten Gang und die Souveränität bewundert haben, so verkennen die Kritiker des neuen Bundeskanzlers eben doch, daß der Enkel etwas geduckter gehen muß. Die Spielräume sind kleiner geworden. Das Gewicht der Bundesrepublik hat seit der weltpolitischen Wende von 1980 abgenommen. Das macht auf die geschichtlich vorgegebenen Rahmenbedingungen unserer außenpolitischen Handlungsmöglichkeiten aufmerksam.

Was immer realistische deutsche Außenpolitik nach der Katastrophe von 1945 sein wollte, mußte mit den grundsätzlichen Veränderungen rechnen, die der Zweite Weltkrieg nach sich gezogen hatte. Schon nach der militärischen Wende von 1941/42 begann sich abzuzeichnen, daß die Sowjetunion auf dem Weg zur stärksten europäischen Macht war. Eine Studie des US-Generalstabes vom August 1943 geht von einem militärischen Übergewicht der Sowjetunion auf dem europäischen Kontinent als Resultat des Zweiten Weltkriegs aus.[35]

Konrad Adenauer hat schon sehr früh die künftigen Machtverhältnisse intuitiv richtig erfaßt. Im Oktober 1945 hielt er in einer Aktennotiz fest, daß der von Rußland besetzte Teil „für eine nicht

35 Heinz Magenheimer: Die Konferenz von Jalta 1945 und die „Teilung Europas“, *Österreichische Militärische Zeitschrift,* Heft 3, Mai/Juni 1982, S. 204

zu schätzende Zeit für Deutschland verloren“ sei.[36] Anderthalb Jahre später, im Mai 1947, schrieb er an Paul Silverberg: „Sie wissen ja doch, daß letzten Endes nur 2 große Fronten in Europa und der Welt vorhanden sind: die christlich-abendländische Front, deren stärkste Stütze hier in Deutschland die CDU und die CSU ist, und die asiatische Front.“ Die Teilung war eine Tatsache, von der man auszugehen hatte. Zwei große Fragen waren damit zu beantworten. Wie kann in Europa ein Gegengewicht gegen die Sowjetunion, gegen die „asiatische Front“, geschaffen werden? Und: unter welchen Voraussetzungen kann der nicht sowjetisch besetzte Teil Deutschlands wirtschaftlich und politisch gesunden? Mit dem Verlust der Ostgebiete waren nicht nur Rohstoffe, sondern auch ausgedehnte landwirtschaftliche Produktionsflächen verloren. Die frühe Antwort Adenauers war die Vorstellung eines starken und geeinten Westens. Deutschland wäre dabei ein unverzichtbarer Bestandteil.

Adenauers Stärke war auch darin begründet, daß sich seine Analyse nicht nur mit den Tatsachen deckte, sondern auch mit den Einschätzungen der Westalliierten. So heißt es in einem aufschlußreichen Dokument aus dem britischen Außenministerium vom Mai 1948, Westdeutschland sei mit seinen vierzig Millionen von Russenfurcht beherrschten Einwohnern auf die Zusammenarbeit mit den Westmächten angewiesen, um Schutz zu erhalten, und es sei „vollkommen abhängig von den Westmächten im Hinblick auf Rohstoffe, Nahrungsmittel und Absatzmärkte“. Der wirtschaftliche Wohlstand in Westdeutschland müßte zwar von den Westmächten auf Kosten ihrer eigenen Sicherheit finanziert werden, unter Berücksichtigung des russischen Aspekts handle es sich aber um eine Versicherungsprämie, die zu zahlen sich lohne.[37]

36 Konrad Adenauer: Briefe, Rhöndorfer Ausgabe, herausgegeben von Rudolf Morsey und Hans-Peter Schwarz, Berlin: Siedler 1983, Aktennotiz, 9. Oktober 1945, Nr. 121 A, S. 124; das folgende Zitat: Brief an Dr. Paul Silverberg, 30. Mai 1947, Nr. 557, S. 508

37 Die Einheit Deutschlands, Aufzeichnung von R.M.A. Hankey, Leiter des u.a. für die Sowjetunion zuständigen Northern Department im Foreign Office, 14. Mai 1948, in Rolf Steininger: Deutsche Geschichte 1945 – 1961, Zweiter

Als die für die künftige Gestaltung Westeuropas maßgeblichen Kräfte sah Adenauer zunächst nur Frankreich und England. Von der Bedeutung Amerikas ist noch keine Rede. Die westeuropäische Integration erwies sich in Adenauers Sicht gerade deshalb als unumgänglich, weil er an eine dauernde Präsenz der Vereinigten Staaten in Westeuropa nicht glaubte. Die transatlantische Option trat erst später in den Vordergrund.

Die Entscheidung für die westeuropäische Integration als Schwerpunkt westdeutscher Außenpolitik fiel in der innerparteilichen Auseinandersetzung der CDU zwischen Adenauer und seinem eigentlichen Gegenspieler Jakob Kaiser. Kurt Schumacher und Walter Ulbricht waren dagegen beide eher unfreiwillige Verbündete. Beide förderten mit ihrer Agitation die Entwicklung in Richtung auf die Gründung eines deutschen Separatstaates, der eine in den Westzonen, der andere in der Ostzone. Schumachers eigenartige Rolle wird insbesondere an der kompromißlosen Ablehnung Jakob Kaisers deutlich. Jeder Versuch einer blockfreien Nationalpolitik im Ost-West-Konflikt schien ihm „eine Machenschaft reaktionärer Gruppen", gleichgültig ob kommunistischer oder bürgerlicher Herkunft.[38]

In einem Artikel zu Beginn des Jahres 1947 hat Jakob Kaiser seine politische Konzeption umrissen: „Deutschland hat eine Aufgabe als Volk der Mitte. Wer die Gesundung Deutschlands will, kann nur von der Tatsache ausgehen, daß Deutschland zwischen Ost und West gelagert ist. Die Konsequenz dieser schicksalhaften, aber auch aufgabenreichen Lage ist nicht das Entweder-Oder eines West- oder Ostblocks, sondern das Sowohl-Als-Auch der Verständigung, eines Ausgleichs zwischen den Völkern und die Gesundung aus einem Geist heraus."[39] Kaiser wollte in der Nachfolge Stresemanns an die mitteleuropäische Ausgangslage der Weimarer Republik anknüpfen. Den Bruch von 1945 hat er wohl nicht so grundsätzlich gesehen

Band, Frankfurt: Fischer 1983, S. 303 f.

38 Waldemar Besson: Die Außenpolitik der Bundesrepublik, Erfahrungen und Maßstäbe, München: Piper 1970, S. 65

39 Zitiert nach ebd., S. 35

wie Adenauer. Waldemar Besson nennt drei Gründe für das Scheitern der politischen Konzeption Jakob Kaisers. Sein Bild der zukünftigen Gestalt Deutschlands stand quer zur bipolaren Haupttendenz des internationalen Systems. Die Sowjetunion war zu keiner loyalen Partnerschaft für eine neutrale und nationale Politik Deutschlands bereit. Eine Wiederholung von Rapallo war nicht möglich. „Schließlich wäre aber auch ein intaktes deutsches Nationalgefühl erforderlich gewesen. Man konnte doch wohl Mittler und Brücke nur sein, wenn man noch an eine eigene deutsche Mission zwischen Ost und West glaubte. Der Widerstandskämpfer Jakob Kaiser hat wohl, wie andere mit ihm, unterschätzt, wie fragwürdig der Bankrott Hitlers auch alle bisher geltenden nationalen Werte gemacht hatte. Die politische Lähmung der breiten Massen in Deutschland wie ihrer Eliten war die Folge."[40]

Versuche einer nationalen Politik fanden ihr eigentliches Ende in der Vorbesprechung der Münchner Ministerpräsidentenkonferenz am Abend des 5. Juni 1947. Das Scheitern kann nicht den Alliierten angelastet werden. Für die Einwände der Franzosen hätte es eine Lösung gegeben. Vielmehr haben Ulbricht und Schumacher zuverlässig und unfreiwillig in der Verhinderung eines gesamtdeutschen Gesprächs zusammengespielt. Als entscheidend aber erwies sich, daß die Ministerpräsidenten weder eine klare Erkenntnis der tatsächlichen politischen Lage noch den ehrlichen und starken Willen zur Verständigung und Zusammenarbeit hatten.[41] Im Dezember 1947 wurde Jakob Kaiser als Vorsitzender der CDU in der Ostzone von der „Sowjetischen Militäradministration" (SMAD) abgesetzt. Das Datum war vielleicht nicht ganz zufällig. Das Jahr 1947 markiert überhaupt einen Wendepunkt. Danach war eine eigenständige deutsche Politik nur noch möglich, wenn sie nicht im Widerspruch

40 Ebd., S. 36 f.

41 Vergleiche dazu den vorzüglichen Aufsatz von Rolf Steininger: Zur Geschichte der Münchner Ministerpräsidenten-Konferenz 1947, *Vierteljahreshefte für Zeitgeschichte,* Nr. 23, 1975, S. 375–453; dort ist auch das Protokoll der Vorbesprechung vom 5. Juni abgedruckt.

zu den Interessen der Alliierten stand. Diese Konstellation wußte Adenauer souverän zu handhaben.

Nach meiner Auffassung stellte die Opposition gegen den Kurs Adenauers nach 1947 keine wirkliche Alternative mehr dar. Sie wirkte sich allenfalls als Störfaktor aus. Der Protest gegen die Remilitarisierung kam zu spät und konzentrierte sich allein auf ein Detail, das sich aus den schon längst vollzogenen Grundsatzentscheidungen ergab. Die Opposition in der Bundesrepublik leidet bis heute daran, daß sie die maßgeblichen außenpolitischen Bedingungen unseres Staates nicht hinreichend durchschaut und daher keine reale Alternative formulieren kann.

Das gesinnungsethische Räsonnement vermag sich gegen das Gewicht der historischen Notwendigkeit nicht durchzusetzen. *Das Ideale entfaltet, weil es abstrakt bleibt, keine Kraft.* Damit müssen wir arbeiten. Das ist Realpolitik.

Der Ausbruch des Koreakrieges im Juni 1950 machte die globalen Konturen des Ost-West-Konfliktes offenbar. Unser Staat gewann an Gewicht. Ein starkes Westeuropa wurde für die Vereinigten Staaten lebenswichtig. Und dafür war Deutschland unentbehrlich.[42] Das ist das eigentliche *strategische Kalkül* deutscher Außenpolitik. Im August 1950 forderte Adenauer von den Alliierten, sie sollten ihre militärische Präsenz in der Bundesrepublik verstärken. Andererseits schlugen US-Generale vor, die Bundesrepublik in die Nato einzugliedern.

Adenauer aber wählte zunächst den Weg einer militärischen Integration Westeuropas. Es gab zwar von vorneherein eine atlantische Lösung im Hintergrund. Amerika aber bleibt vorerst noch der Verbündete der zweiten Linie. Bis 1954 zogen sich die Verhandlungen über eine „Europäische Verteidigungsgemeinschaft" (EVG) hin. Im

42 „Ich war der Auffassung, der Gegensatz zwischen Sowjetrußland und den freien Völkern werde beständig wachsen. Es war auch für Amerika lebensnotwendig, daß ein starkes Westeuropa entstand. Hierzu war Deutschland unentbehrlich. Ein Land in Fesseln ist kein guter, vollwertiger Partner. Meines Erachtens würden unsere Fesseln daher allmählich fortfallen." Konrad Adenauer: Erinnerungen, Erster Band, Stuttgart: Deutsche Verlagsanstalt 1965, S. 245

August jenes Jahres lehnte die französische Nationalversammlung den EVG-Vertrag ab. Das war das Ende der militärischen Integration Westeuropas. Übrig blieben die atlantischen Fundamente der Westintegration. In den folgenden zwei Monaten wurde mit Unterstützung der Amerikaner ein Ersatz im Beitritt der Bundesrepublik zur Nato gefunden.

Adenauer aber blieb mißtrauisch. Schließlich war vorauszusehen, daß die Überlegenheit der amerikanischen Nuklearwaffen nicht unbegrenzt anhalten würde. Die im Juli 1956 bekanntgewordenen Pläne General Radfords, amerikanische Truppen aus Westeuropa abzuziehen, weckten die alten Ängste wieder auf. Hinter den Überlegungen Radfords vermutete der Kanzler Bestrebungen der USA, mit der Sowjetunion zu einem weltweiten Ausgleich zu kommen, der den deutschen Sicherheitsinteressen entgegenstehen könnte.[43] Die im gleichen Monat in Brüssel aufgenommenen Regierungsverhandlungen über einen „Gemeinsamen Markt" waren für Adenauer in erster Linie ein Zwischenschritt zur politischen Einigung Westeuropas. „Er wollte die Geschlossenheit des Westens stärken und eine Rückfallposition vorbereiten, sollten sich die USA eines Tages von Europa abwenden."[44] Der Kanzler mußte dabei die Option für die Europäische Wirtschaftsgemeinschaft gegen den Protest seines Wirtschaftsministers Erhard durchsetzen, der den Gemeinsamen Markt für einen „volkswirtschaftlichen Unsinn" hielt. Aber Adenauer hat eben primär unter politischen, nicht aber unter volkswirtschaftlichen Gesichtspunkten gehandelt.

Mit der Unterzeichnung des EWG-Vertrages im März 1957 war die Einbindung unseres Staates in den Westen vollendet: als westeuropäischer Wirtschaftsverbund und als transatlantische militärische Integration.

Zwei Gefahren haben Adenauer über die Jahre wiederholt beunruhigt: einerseits könnten die USA ihre Truppen aus Deutschland

43 Hanns Jürgen Küsters: Adenauers Europapolitik in der Gründungsphase der Europäischen Wirtschaftsgemeinschaft, *Vierteljahreshefte für Zeitgeschichte*, Heft 4, 1983, S. 661

44 Ebd.

und Westeuropa zurückziehen und andererseits könnten sie sich mit den beiden anderen Siegermächten, mit England und der Sowjetunion auf Kosten Deutschlands verständigen. Es ist dem großen politischen Geschick des Kanzlers zu verdanken, beide Gefahren, wo sie auftraten, immer wieder abgewandt zu haben.

Eine kleine Episode mag die Taktik Adenauers beleuchten. Nach Stalins Tod ergriff Churchill 1953 die Initiative, ein Gipfeltreffen der „Großen Drei" über die politische Gestaltung Deutschlands herbeizuführen. Adenauer war nicht begeistert. Eine Verständigung der Großmächte unter Ausschluß Deutschlands rückte wieder in den Bereich des Möglichen. Das Gespenst der Neutralisierung drohte. Eine Wiederholung von Versailles mußte verhindert werden. Da aber der Vorschlag für eine Gipfelkonferenz schon auf dem Tisch war, ließ sie sich nicht mehr vollständig verhindern. Der Kanzler drängte daher auf die Vereinbarung einer festen Tagesordnung und die gemeinsame Abstimmung der westlichen Verhandlungsposition. Das Ziel dieser Operation bestand darin, die Vorbereitungsphase der Konferenz mit den deutschen Interessen so zu verknüpfen, daß eine unliebsame Überraschung ausgeschlossen werden konnte. Durch geschicktes Taktieren im Juli 1953 gelang es Adenauer schließlich, den ursprünglichen Vorschlag Churchills in eine Richtung zu lenken, die der Vollendung der Westintegration nicht mehr gefährlich werden konnte.[45]

Helmut Schmidt sah sich in den siebziger Jahren einem Problem ausgesetzt, das den veränderten außenpolitischen Bedingungen entsprechend eine andere Gestalt angenommen hatte, in seinem Kern aber mit der Herausforderung Churchills 1953 identisch war. Schmidt war bei der Lösung des Problems allerdings nicht so erfolgreich wie ehedem Adenauer.

In den frühen siebziger Jahren zeichnete sich ab, daß die nuklearstrategischen Systeme der USA und der Sowjetunion etwa die gleiche Stärke, also Parität erreichen würden. Zu Anfang des Jahres

45 Vergleiche dazu Josef Foschepoth: Wie Adenauer Churchill austrickste, *Die Zeit,* Nr. 19, 4. Mai 1984, S. 32

1977 erregte der in den Ruhestand getretene Chef des Nachrichtendienstes der US-Luftwaffe, Generalmajor George J. Keegan, Aufsehen mit der Behauptung, daß ein amerikanischer Vergeltungsschlag gegen die Sowjetunion nicht mehr glaubwürdig sei, da man nicht mehr von einer wirkungsvollen Vernichtung des sowjetischen Potentials ausgehen könne. Am 24. Januar 1977 legten die beiden Senatoren Sam Nunn und Dewey F. Bartlett einen Bericht vor, in dem sie die These belegten, daß sich der Warschauer Pakt rapide in Richtung auf eine entscheidende konventionelle militärische Überlegenheit im Vergleich zur Nato hinbewegen würde.[46]

Die Brisanz lag in der Kombination eines Gleichgewichts auf globalstrategischer Ebene mit einem Ungleichgewicht auf eurostrategischer Ebene. Schmidt erkannte richtig, daß unter diesen Umständen die USA bei einem Angriff des Warschauer Pakts auf Deutschland einen Gegenschlag mit Interkontinentalraketen nicht mehr ernsthaft würden androhen können, daß sie also nicht mehr bereit wären, Chicago gegebenenfalls für Hamburg zu opfern. Fred Ikle traf den wunden Punkt, als er im Frühjahr 1977 Helmut Schmidt gegenüber versicherte, die Deutschen könnten sich für die Belange ihrer Sicherheit nicht mehr auf Präsident Carter verlassen.[47] Es war das Gespenst der Abkoppelung von den USA, oder anders gesagt: es drohte die nuklearstrategische und damit natürlich auch die machtpolitische Neutralisierung Westeuropas. Zur gleichen Zeit führten die beiden Großmächte die SALT-II-Verhandlungen mit dem erklärten Ziel, das nuklearstrategische Gleichgewicht vertraglich festzuschreiben. Hier handelte es sich nun um eine Vereinba-

46 Bericht der Senatoren Sam Nunn und Dewey F. Bartlett vom 24. Januar 1977, Auszüge, *Europa-Archiv,* Folge 7, 1977, D 159 – 169

47 „Unauffällig, aber wirksam half Ikle auch schon, die Nato-Nachrüstung anzuschieben. Im Frühjahr 1977 bereits schrieb er in ‚Foreign Affairs', die SS-20-Drohung erhebe sich ‚wie eine dunkle Wolke über Europa'. Kurz darauf sprach er in Bonn bei Helmut Schmidt vor und ‚sagte ihm, daß er sich für die Belange der deutschen Sicherheit nicht auf Präsident Carter verlassen könne', wie der gutinformierte Berater des damaligen Außenministers Vance, Arthur Macy Cox, berichtet." Wilhelm Bittorf: Vom „Gleichgewicht des Schreckens" zum machbaren Atomkrieg, Zweiter Teil, *Der Spiegel,* Nr. 9, 28. Februar 1983, S. 172

rung genau jener Art, die Adenauer so sehr gefürchtet hatte: die Großmächte verständigten sich untereinander auf Kosten Deutschlands.

Schmidt versuchte mit dem bekannten Kunstgriff der Gefahr zu entgehen. Er verlangte von der Carter-Regierung die Einbeziehung der eurostrategischen Waffen in die SALT-II-Gespräche. Damit würde die Verständigung der Großmächte für die Westeuropäer kontrollierbar. Carter mochte sich Schmidts Ängste jedoch nicht zu eigen machen. Daraufhin entschloß sich Schmidt, die Carter-Administration öffentlich zu kritisieren. Das war die Motivation für jene berühmt gewordene Rede vor dem „International Institute for Strategic Studies" in London am 28. Oktober 1977. Hier forderte Schmidt erneut, *parallel* zu den SALT-Verhandlungen das Ungleichgewicht in Europa abzubauen, andernfalls die Nato „ausreichende und richtige Mittel" bereitstellen müsse.[48] Die Carter-Administration aber führte die SALT-Gespräche unverändert fort und beschäftigte sich außerdem in Fallstudien mit drastischen Abrüstungsüberlegungen. Im April 1978 stoppte Carter überdies ohne vorherige Konsultationen mit den Westeuropäern den Bau der Neutronenwaffe. Schmidt aber hatte die Stationierung bereits zugesagt. Carter bestätigte mit seinem Schritt von neuem die Unbeständigkeit und Unberechenbarkeit der amerikanischen Außenpolitik. Und der Bruderkuß, den Breschnew am 18. Juni 1979 bei der Unterzeichnung des SALT-II-Vertrages in Wien ganz unerwartet von Carter erhielt, konnte die schlimmsten Befürchtungen der Westeuropäer nur noch bestätigen.

In dieser bedrohlichen Situation bot sich die schon länger diskutierte Modernisierung der amerikanischen Mittelstreckenraketen in Europa als rettender Ausweg an. Der ehemalige Außenminister Edmund Muskie berichtete später, er sei 1979, als er in Bonn war, von Kanzler Schmidt geradezu bekniet worden, die Amerikaner sollten sich für die Stationierung der Raketen einsetzen.[49] Mit Blick auf

48 Presse- und Informationsamt der Bundesregierung: *Bulletin,* Nr. 112, 8. November 1977, S. 1015

die Nachwirkungen des politischen „Neutronenschocks" von 1978 waren die ursprünglichen Beweggründe für den Nato-Doppelbeschluß auf deutscher Seite mehr politisch-psychologischer als militärischer Natur.[50] Das zweite Element des Doppelbeschlusses, die Genfer Abrüstungsverhandlungen, sollte vor allem dazu dienen, eine Wiederholung der Welle öffentlicher Proteste, die die Ankündigung der Neutronenwaffe ausgelöst hatte, zu vermeiden.[51]

Das war die Lage der Dinge vor dem Ende der Entspannungsphase. Nach Afghanistan und mit Polen aber nahmen die Verhältnisse noch einmal eine andere Gestalt an.

49 „Muskie empörte sich: ‚Als ich 1979 in Bonn war, hat Kanzler Schmidt mich geradezu bekniet, wir sollten uns für die Stationierung der Rakete einsetzen.' Es waren doch die Deutschen, erinnert der Amerikaner, ‚die sie wollten, nicht wir'." *Der Spiegel,* Nr. 33, 15. August 1983, S. 20

50 „Nachdem die moralische Frage der Allianzsolidarität allseits gestellt war und die Nachwirkungen des politischen ‚Neutronenschocks' von 1978 die Regierungen auf das Thema ‚Entscheidungsfähigkeit' fixiert hatten, drängte der Nachrüstungsbeschluß sich auf. Es besteht kein Zweifel, daß die Beweggründe mehr politisch-psychologischer als militärischer Natur waren." Lothar Ruehl: Der Beschluß der Nato zur Einführung nuklearer Mittelstreckenwaffen, *Europa-Archiv,* Folge 4, 1980, S. 104

51 Eckhard Lübkemeier: Zwischenbilanz der INF-Verhandlungen, *Aus Politik und Zeitgeschichte,* B 28 – 29, 16. Juli 1983, S. 17

Ein Krieg mit Pflugscharen

Mit dem Wiederaufleben des Kalten Krieges hat sich jene Problemkonstellation, vor die sich Helmut Schmidt gestellt sah, grundlegend verändert. Die USA waren nicht mehr länger bereit, eine vertragliche Vereinbarung mit der Sowjetunion über das Gleichgewicht der nuklearstrategischen Rüstung zu akzeptieren. Der SALT II-Vertrag wurde vom US-Senat nicht ratifiziert. Überdies kamen unter Präsident Reagan Bestrebungen zum Durchbruch, von neuem eine klare nuklearstrategische Überlegenheit über die Sowjetunion zu erringen. Gegen die von Carter gelobte „parity" hat Reagan „superiority" als neue nationale Sicherheitspolitik formuliert. Und eine solche Überlegenheit kann die Glaubwürdigkeit der nuklearstrategischen Garantie der USA für die Sicherheit Deutschlands und Westeuropas nur verbessern. Denn das Dilemma für die Europäer erwuchs ja gerade aus der Verbindung nuklearstrategischer Parität der Supermächte einerseits und eurostrategischer Überlegenheit der Sowjetunion andererseits. Unter diesem Gesichtspunkt war die Wendung in der amerikanischen Sicherheitspolitik unter Reagan durchaus zu begrüßen. Im Verhältnis zu den USA aber traten neue Schwierigkeiten auf. Aus jener Struktur, die entscheidend unter der Initiative Adenauers etabliert wurde, entwickelte sich in den vergangenen zwei Jahrzehnten eine beunruhigende Dynamik. Sie ist in der Ambivalenz der westeuropäischen und der transatlantischen Integration begründet.

„Auf wirtschaftlichem Gebiet mußte die Integration Europas zwangsläufig zu transatlantischer Konkurrenz führen, ja sogar zu einiger Diskriminierung. Was einen Gemeinsamen Markt definiert, besteht eben doch darin, daß seine Schranken nach außen höher sind als seine internen Schranken.“[52] Diese Tatsache sorgte mit Beginn der achtziger Jahre in den USA für wachsenden Verdruß über die Westeuropäer.

Die EG der Neun stellte 1980 einen Markt mit rund 260 Millionen Verbrauchern dar.[53] Die USA hatten zur gleichen Zeit eine Bevölkerung von 227 Millionen. Seit der Beseitigung der letzten Zölle und mengenmäßigen Einfuhrbeschränkungen zwischen EG und EFTA zu Beginn des Jahres 1984 besteht ein europäischer Binnenhandelsraum für Industriegüter von mehr als 300 Millionen Verbrauchern. Er stellt den größten freien Markt dar, ist er doch noch größer als derjenige der USA und Kanadas zusammen.[54] Während

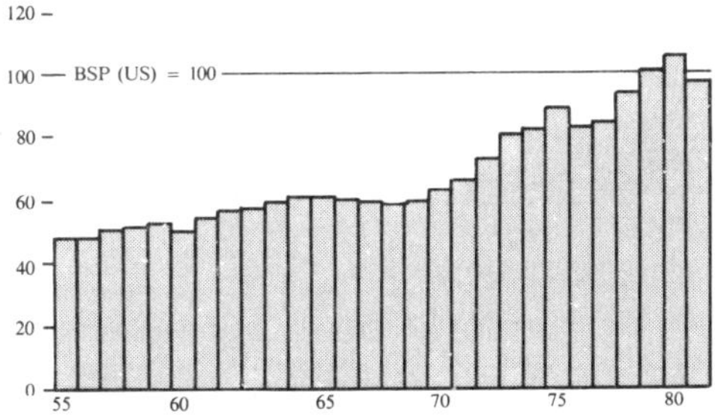

Bruttosozialprodukt (BSP) der EG im Verhältnis zu dem der USA

Bruttosozialprodukt der neun EG-Länder (B, DK, D, F, I, NL, L, GB, IRL) in Prozent des Bruttosozialprodukts der USA.

Das BSP der EG-Länder wurde nach den jahresdurchschnittlichen Wechselkursen mit dem US-Dollar berechnet. Die Relation wird daher auch durch die Stärke und Schwäche des US-Dollars bestimmt.

Quelle: Eigene Berechnungen nach Daten aus dem IMF: International Statistics, Yearbook 1983

52 „In the economic field, integration was bound to lead to transatlantic competition, even to some discrimination. What defines a Common Market, after all, is that its external barriers are higher than its internal ones.“ Henry Kissinger: A Plan to Reshape Nato, *Time*, 5. März 1984, S. 16; die deutsche Übersetzung (*Die Zeit*, Nr. 10, 2. März 1984, S. 3) ist an dieser Stelle lückenhaft.

53 Belgien, Dänemark (seit 1973 EG-Mitglied), Bundesrepublik Deutschland, Frankreich, Irland (seit 1973), Italien, Luxemburg, Niederlande, Großbritannien (seit 1973).

zwei Jahrzehnten übertraf das Wachstum der EG dasjenige der USA. In den siebziger Jahren hat das relative Gewicht Europas gegenüber den Vereinigten Staaten beständig zugenommen.

Nach dem Krieg waren die USA noch die unbestrittene wirtschaftliche Führungsmacht. Westeuropa bot der Expansion des amerikanischen Investitionskapitals und der überlegenen Industrieproduktion ein profitables Feld. Aber Westeuropa hat aufgeholt. Im Jahre 1979 übertraf das Bruttosozialprodukt der EG der Neun erstmals dasjenige der USA. 1980 betrug der EG-Anteil an der Weltausfuhr 37 Prozent gegenüber 13 Prozent für die USA. Die Zahlen über den Anteil an der Weltausfuhr sind aber weniger Ausdruck wirtschaftlicher Kraft als vielmehr ein Hinweis auf die enorme Abhängigkeit der EG vom Weltmarkt. Die Exportabhängigkeit der amerikanischen Wirtschaft ist mit Rücksicht auf den großen Binnenmarkt dagegen gering. Aber in den siebziger Jahren hat sich der Anteil des Exports am US-Bruttosozialprodukt fast verdoppelt.[55] Die amerikanische Industrie ist heute stärker vom Weltmarkt abhängig als noch in den sechziger Jahren. Überdies haben die US-Investitionen in Westeuropa nachgelassen. Damit gilt die Europäische Gemeinschaft für die Amerikaner zunehmend mehr als Exportmarkt und weniger als Produktionszone.[56] Die Handelsbarrieren der EG werden für die Amerikaner fühlbarer. Insgesamt

54 *Neue Zürcher Zeitung*, Inlandausgabe, Nr. 85, 10. April 1984, S. 17. — EG und EFTA umfassen zusammen die folgenden Länder: die in Anmerkung 53 genannten Länder und Griechenland (seit 1981 EG-Mitglied), Norwegen, Portugal, Schweiz, Finnland, Island, Österreich, Schweden.

55 Der Anteil des Exports am US-Bruttosozialprodukt bewegte sich von 1955 bis 1969 mit einer Ausnahme zwischen vier und fünf Prozent, von 1970 bis 1972 zwischen fünf und sechs Prozent, 1973 überstieg er sechs Prozent und bewegte sich dann von 1974 bis 1979 mit einer Ausnahme zwischen acht und neun Prozent. 1980 erreichte der Anteil den Höchststand von über zehn Prozent und fiel 1981 auf neuneinhalb und 1982 auf achteinhalb Prozent zurück. Daten zum Anteil des Exports am Bruttosozialprodukt nach eigenen Berechnungen aus International Monetary Fund: International Financial Statistics, Yearbook 1983. Daten zum Anteil am Welthandel nach eigenen Berechnungen aus International Monetary Fund: Direction of Trade Statistics, Yearbook 1983.

56 Ernst-Otto Czempiel: Diagnose der Atlantischen Gemeinschaft, *Europa-Archiv*, Folge 2, 1984, S. 55

tritt das Konkurrenzverhältnis zwischen den USA und der Europäischen Gemeinschaft mehr in den Vordergrund. Der Bereich der handelspolitischen Auseinandersetzungen ist im Wachsen begriffen. Im Dezember 1982 konnte der Bundestagsabgeordnete Ulrich Steger feststellen, „daß praktisch in allen potentiellen Konfliktbereichen, die lange Zeit unter Kontrolle gehalten werden konnten, die Vereinigten Staaten jetzt einen Kurs eingeschlagen haben, der zu einem handelspolitischen Frontalzusammenstoß mit der Europäischen Gemeinschaft führen könnte".[57] Aktionen der Reagan-Administration gegen ihre europäischen Verbündeten hatten sich 1982 gehäuft. Die Liste der betroffenen Produkte und Branchen wurde immer länger. Der innenpolitische Druck zu einer mehr protektionistischen Haltung insgesamt nahm zu.

Solches Verhalten der Amerikaner ist in den Augen der Europäer verwerflich. Sie erinnern die USA dann gerne an die heiligen Grundsätze des Freihandels. Aber zugleich neigen sie dazu, den handelspolitischen Konflikt zu verharmlosen, der hinter dem Verhalten der Reagan-Administration steht. Das mag an der Auseinandersetzung im Bereich des Agrarhandels deutlich werden. Anfang der fünfziger Jahre konnten die späteren EG-Länder mit ihrem Bedarf an Mais und Weizen die Exportkapazitäten der nordamerikanischen Produzenten aufnehmen.[58] Doch inzwischen sind einige Veränderungen eingetreten.

Nach der Etablierung der Gemeinsamen Agrarpolitik im Jahre 1958 konnte die EG ihren Selbstversorgungsgrad beständig erhöhen, in einzelnen Produktionsbereichen mußte sie zum Export übergehen. 1974 noch war die EG ein bedeutender Abnehmer von Milchprodukten, Zucker und Fleisch. 1981 aber stand die EG an erster Stelle beim Export von Milchprodukten und an zweiter Stelle

57 Ulrich Steger: Gefährden wirtschaftspolitische Konflikte das westliche Bündnis? *Europa-Archiv*, Folge 24, 1982, S. 739

58 Eine Darstellung aus amerikanischer Sicht zur Entwicklung des Agrarhandels der USA und der EG bietet Nicholas Butler: The Ploughshares War Between Europe and America, *Foreign Affairs,* Herbst 1983, S. 105 – 122. Dem Aufsatz sind die folgenden Angaben entnommen.

beim Handel mit Zucker. Ihre Ausfuhr von Fleisch betrug 60000 Tonnen. Die Amerikaner haben in der Zwischenzeit ihre landwirtschaftlichen Exportkapazitäten ebenfalls bedeutend erhöht. Es wurde für sie aber immer schwieriger, ihre Produkte in der EG abzusetzen. Ihre Bilanz im Agrarhandel mit der EG ist zwar immer noch positiv, indem sie sich den zollfreien Zugang für bestimmte Produkte wie zum Beispiel Sojabohnen erzwangen. Aber sie stoßen dafür auf dem Weltmarkt auf eine immer härtere Konkurrenz der Europäer.

1980 begannen die Weltgetreidepreise zu fallen. Zwei Jahre später erreichten die Getreidevorräte der US-Farmer hundert Millionen Tonnen. Reagan sah sich gezwungen, das Programm zur Reduktion der Anbauflächen (PIK) fortzuführen. Das Einkommen der amerikanischen Landwirtschaft sank in drei Jahren um zwanzig Prozent. Während die US-Regierung ihre Farmer dafür bezahlte, ein Viertel ihres Landes nicht zu bebauen, mußte sie bemerken, daß die Getreideproduktion von Kanada, Argentinien und der EG weiter anstieg. Die Europäische Gemeinschaft sah in dem von Carter verhängten Getreideembargo mit Blick auf die Auswirkungen in der Sowjetunion eine willkommene Gelegenheit, die eigenen Absatzchancen zu verbessern.[59] Die Amerikaner waren der Auffassung, daß mit den Vereinbarungen der „Tokio-Runde" von 1979 der subventionierte Export der EG begrenzt werden sollte. Aber der Weizenexport der Europäischen Gemeinschaft hat seit 1979 noch einmal um mehr als hundert Prozent zugenommen.

Auch wenn das Exportvolumen der EG-Landwirtschaft im Vergleich zu den USA immer noch bescheiden ist, so wird doch jede Tonne in Hinsicht auf die Verhältnisse auf dem Weltmarkt zum Streitobjekt.[60] Auf Drittmärkten wie Marokko und Ägypten liefern sich die beiden Konkurrenten einen unerbittlichen Verdrän-

59 Siehe Henning Behrens: Die Afghanistan-Intervention der UdSSR, München: tuduv 1982, S. 102

60 „Though the EEC export trade is still small by American standards, every ton has become a subject of controversy given the condition of the market." Nicholas Butler: The Ploughshares War, *Foreign Affairs,* Herbst 1983, S. 114

gungskampf. Die Amerikaner verweisen darauf, daß die EG rund die Hälfte ihrer Agrarausgaben für die Subventionierung landwirtschaftlicher Produkte verwende, um ihre Konkurrenten vom Weltmarkt zu drängen. Der US-Landwirtschaftsminister John Block beschuldigte die Europäer, „ganz unverhohlen den USA, Kanada, Australien und den Entwicklungsländern Absatzmärkte für Zucker, Geflügel und Weizen wegzunehmen“.[61]

Nach Angaben von Anthony C. Albrecht aus dem US-Außenministerium war 1979 jeder dritte Arbeitsplatz in der amerikanischen Landwirtschaft exportorientiert.[62] Der Rückgang des landwirtschaftlichen Einkommens zwingt nicht nur viele Farmer zur Aufgabe ihrer Höfe, sondern setzt auch die Zuliefererindustrie unter Druck. Ein bekanntes Beispiel sind die Liquiditätsschwierigkeiten des renommierten Landmaschinenherstellers „International Harvester“.

Hinter dieser Malaise sehen die Amerikaner als Hauptursache die Agrarpolitik der Europäer. Von John Block wurde berichtet, er habe Reagan ganz unmißverständlich gedrängt, „to fight fire with fire“. „Europa und Amerika“, sagte Nicholas Butler vom „Royal Institute of International Affairs“ in London, „haben in Handelsangelegenheiten immer weniger das Aussehen von Partnern, dafür nehmen sie immer mehr dasjenige von Feinden an. Die Auseinandersetzungen während der letzten Jahre hatten eine zersetzende Wirkung auf das gegenseitige Vertrauen, das eigentlich die Grundlage der Allianz bilden sollte.“[63]

Die Europäer sind natürlich nicht ohne Recht der Auffassung,

61 „John Block, the Secretary of Agriculture, accused the EEC of ‚literally stealing markets away from the U. S., Canada, Australia, the developing countries and other in sugar, poultry and wheat‘.“ Ebd., S. 115; das folgende Zitat von John Block ebd.

62 Anthony C. Albrecht: American Economic Policy in East Asia, *The Atlantic Papers,* Nr. 40, Juli 1980, S. 24

63 „In trade matters Europe and America are already beginning to look less like partners and more like adversaries. Disputes over the last few years have had a corrosive effect on the trust which should form the basis of the Alliance.“ Nicholas Butler: The Ploughshares War, *Foreign Affairs,* Herbst 1983, S. 122

daß die Darstellung ihrer eigenen Rolle von den Amerikanern nicht ganz korrekt sei. Eine differenziertere Betrachtung der handelspolitischen Beziehungen könnte manchen Konflikt entschärfen. Das aber interessiert die Amerikaner unglücklicherweise überhaupt nicht.

Wir haben nicht nur genügend Gründe, uns über das Unverständnis der Reagan-Administration zu beklagen, sondern wir leiden auch unter ihrer in unseren Augen rücksichtslosen Finanzpolitik. Die hohen Budgetdefizite im Verbund mit einer Politik des knappen Geldes trieben die Zinsen in den USA seit 1979 gewaltig in die Höhe. Die Europäer sahen sich gezwungen, ihre Zinsen ebenfalls anzuheben, um den Abfluß des Kapitals zu stoppen. Das wiederum bremste die zarte Erholung unserer Wirtschaft. Und die Aussichten auf eine Besserung der US-Finanzpolitik bleiben weiterhin trübe.

Ich will mich nicht der Auffassung anschließen, daß hinter der Finanz- und Ausgabenpolitik der Reagan-Administration eine abgestimmte Strategie gegen die Europäer steckt. Die negativen Auswirkungen für die US-Wirtschaft sind bekannt. Aber unübersehbar ist auch die wiedergewonnene Stärke Amerikas. Der Dollar ist wieder zur gefragtesten Währung der Welt geworden. Die Konjunktur der US-Wirtschaft ist beachtlich. Sie erholt sich wesentlich schneller als die EG. Und die Amerikaner brauchen, weil ihre private Sparquote zu gering ist, weiterhin ausländisches Geld, um die Konjunktur zu halten. Der Aufschwung findet mit geliehenem Geld statt. Die Zinsen werden hoch bleiben und weiterhin Kapital aus Europa abziehen.[64] Der Druck, der auf unseren Kapitalmärkten lastet, könnte noch steigen und die Belebung der Wirtschaft wieder erdrücken.

Einige Leute in der Reagan-Administration haben Gründe, diese Entwicklung mit Genugtuung zu verfolgen. Sie können feststellen, daß die EG nach 1980 wieder hinter das US-Bruttosozialprodukt zurückgefallen ist. Und je eindringlicher die Bitten der Westeuropä-

64 Vergleiche *Wirtschaftswoche,* Nr. 12, 16. März 1984, S. 20–22

er um eine Änderung der amerikanischen Politik werden, um so mehr müssen sie sich in ihrer Genugtuung bestärkt sehen. So hieß es im Wirtschaftsmagazin *Business Week* mit Blick auf die Klagen der Europäer, daß es sicher viele gute Gründe für eine Änderung des „policy mix" gebe, aber den Europäern zu helfen, sei kein solcher Grund.[65]

65 „There are many good reasons for finding a better policy mix – fiscally tighter and monetarily easier – but helping Europe is not one of them." *Business Week,* Nr. 2829 – 160, 20. Februar 1984, S. 74

Herausforderungen der Zukunft

Die Auseinandersetzungen sind hart. Sie können noch härter werden. Die Zukunft verspricht Überraschungen. „Die letzten Jahre des zwanzigsten Jahrhunderts", so heißt es in der Einleitung zu einer vertraulichen deutsch-amerikanischen Studie, „könnten sich als einzigartiger Abschnitt der Weltgeschichte erweisen. Diese Erwartung gründet sich auf eine Reihe miteinander verknüpfter Entwicklungen, die einzeln oder zusammengenommen eine Welt dynamischen Wandels ankündigen. Dieser Wandel könnte die wirtschaftliche, politische und militärische Gewichtsverteilung dramatisch verschieben, die seit 1945 die Welt bestimmt hat."[66]

Worauf müssen wir uns einrichten? Was dürfen wir erwarten? Welche Ziele müssen wir langfristig ins Auge fassen?

Auf diese Fragen versuchte ich 1982 eine Antwort zu finden. Versetzen wir uns noch einmal in jenes „Schicksalsjahr", in jene Atmosphäre einer Entscheidungssituation. Die Indizien schienen mir darauf hinzuweisen, daß das, was in jenem Jahr zur Entscheidung anstand, die großen Linien für die kommenden Jahre, vielleicht die Jahre bis zum Ende des Jahrhunderts bestimmen könnte. Was jetzt sich ereignet, so sagte ich mir, kann darüber entscheiden, ob wir die Chance haben, die Herausforderungen der Zukunft zu bewältigen.

66 Dieses und die folgenden Zitate sind, soweit nicht anders angegeben, der genannten Studie entnommen.

Eines schien mir vor allen anderen Dingen festzustehen: wir brauchen ein kräftiges Wachstum der Wirtschaft. Dazu gibt es keine Alternative. Genauer: mit Bezug auf Berechnungen der Bundesanstalt für Arbeit brauchen wir, um die Arbeitslosigkeit bis 1990 unter eine Million zu drücken, ein jährliches Wachstum von sechs bis sieben Prozent. In der Annahme, dieses Ziel sei irgendwie erreichbar, darf infolge neuer Technologien eine enorme Produktionssteigerung erwartet werden. Diese Entwicklung wird auf relative Sättigungstendenzen auf dem Binnenmarkt stoßen. Wenn das Reservoir möglicher Käufer im Inland aber ausgeschöpft ist und dies die zentrale Bestimmungsgröße der Nachfrage ist, bleibt nur der Weg, auf das Ausland auszuweichen, um dort weiteres Absatzpotential zu erschließen.[67] Wenn wir im Interesse der Bekämpfung der Arbeitslosigkeit das Wachstum steigern wollen, müssen wir also neue Absatzmärkte erobern.

Ein Folgeproblem ist leicht abzusehen. Auch andere Volkswirtschaften werden ihren Güterausstoß steigern. Die Dritte Welt wird am Ende des Jahrhunderts vielleicht mehr als ein Viertel der weltweiten Industrieproduktion stellen. Da der Weltmarkt nicht mit der gleichen Geschwindigkeit für alle Güter wachsen muß, sind härter werdende Konkurrenzkämpfe zu erwarten. Das betrifft besonders unser Verhältnis zu den Vereinigten Staaten. Die handelspolitischen Auseinandersetzungen werden kaum zurückgehen; ihre Intensität wird, was wahrscheinlicher ist, auf wechselnden Marktsektoren noch zunehmen. Die EG wird mit den USA und Japan auf einem Markt konkurrieren müssen, der schwieriger und labiler sein wird.

Aus globalen Entwicklungen heraus könnten sich weitere Herausforderungen ergeben. Die schon erwähnte deutsch-amerikanische Studie, die im Sommer 1982 abgeschlossen wurde, geht davon aus, daß die aufstrebenden Länder der Dritten Welt ein größeres Ungleichgewicht der Kräfte schaffen könnten. „Diese Nationen könnten sich mit feindlichen Staaten zusammenschließen und auf

67 Vergleiche Erwin Dichtl: Die mangelnde Nachfrage, *Wirtschaftswoche,* Nr. 4, 20. Januar 1984, S. 78

Terror, Erpressung oder begrenzte Kriege zurückgreifen, um einen gleichberechtigten Anteil an Ressourcen zu erhalten. Diese Situation könnte bestehenden Handels- und anderen Abkommen die Grundlage entziehen." Der Zugang zu Ressourcen kann sich zu einem zentralen Streitpunkt in den Beziehungen zwischen Nationen entwickeln. „Die westeuropäischen Mitglieder des Bündnisses müssen einen beträchtlichen Anteil ihres Energiebedarfes importieren. Zwar wird dieser Bedarf voraussichtlich leicht zurückgehen, aber die Entwicklungsländer werden im Laufe ihrer Industrialisierung einen wachsenden Anteil am Öl beanspruchen. Das Problem dieser steigenden Nachfrage wird dadurch verschärft, daß voraussichtlich auch die Sowjetunion und Osteuropa in Zukunft Öl importieren müssen." Hinzu kommt, daß wir von strategisch bedeutsamen mineralischen Rohstoffen, besonders aus Afrika südlich der Sahara, abhängig sind. Unseren Bedarf an Mangan, Kobalt, Titan, Chrom, Aluminium, Platin, Zinn, Nickel, Wolfram etc. müssen wir vollständig importieren.[68] Die meisten der für unsere Wirtschaft unverzichtbaren Mineralien beziehen wir aus Quellen außerhalb des Nato-Territoriums. Daraus folgt, daß „unsere vitalen Interessen über den Nato-Vertragsbereich hinausreichen".[69]

Weil wir also auf Energie- und Rohstoffzufuhren aus anderen Erdteilen angewiesen sind, haben die Seewege für uns die gleiche Bedeutung wie die Landwege für die Sowjetunion. Insbesondere Westeuropa „ist auf die Freiheit der Meere, auf den ungestörten Nachschub aus den USA, aus den Ländern um den Persischen Golf und um die Südspitze Afrikas herum existentiell angewiesen".[70] Freie Seewege, ungehinderten Zugang zu den Märkten und Ressourcen, Stabilität in strategisch wichtigen Regionen der Erde: das

68 Siehe Weißbuch 1983, Zur Sicherheit der Bundesrepublik Deutschland, Im Auftrag der Bundesregierung herausgegeben vom Bundesminister der Verteidigung, S. 22

69 Helmut Kohl: Regierungserklärung vom 4.5.1983, Plenarprotokoll 10/4, S. 68

70 Alfred Dregger im Deutschen Bundestag am 21. November 1983, Plenarprotokoll 10/35, S. 2349

alles aber kann nur die *globale Präsenz* der US-Militärmacht garantieren. Den Westeuropäern „fehlen die Mittel zur weltweiten Sicherung der für sie lebenswichtigen Verbindungswege".[71]

Das Nachdenken über unsere Zukunft läuft in dem existentiellen Axiom zusammen, daß allein die USA unsere Interessen in den nächsten Jahrzehnten weltweit wahren können.[72]

Unsere Situation ist ambivalent: wenn wir in den achtziger und neunziger Jahren die Herausforderungen der gesellschaftlichen und wirtschaftlichen Entwicklung erfolgreich bewältigen können, werden die handelspolitischen Konflikte mit den USA zunehmen. Ihre erfolgreiche Bewältigung werden wir aber nur im Schutz der US-Militärmacht schaffen.

Was uns von den Vereinigten Staaten immer mehr trennt, folgt aus der wirtschaftlichen Integration Westeuropas. Was uns allein zuverlässig verbinden kann, ist der transatlantische militärische Verbund. Für das Schicksal unseres Staates werden die Prioritäten der amerikanischen Außenpolitik in den nächsten Jahrzehnten entscheidend sein.

Unsere Sicherheit ist doch dann am besten gewährleistet, wenn unsere potentiellen Feinde als *Schutzmacht* bereits im Land stehen. Aus dieser Konstellation heraus mußte uns die Möglichkeit eines Rückzugs der US-Truppen in große Sorge versetzen.

71 Horst Ehmke: Überlegungen zur Selbstbehauptung Europas. Ein Diskussionspapier, *Politik, Aktuelle Informationen der SPD,* Nr. 1, Januar 1984, S. 5

72 „Allein die USA können die Interessen des Westens weltweit wahren." Berndt von Staden (Staatssekretär im Auswärtigen Amt bis Herbst 1983): Deutsche und Amerikaner — Irritationen, *Außenpolitik, Zeitschrift für internationale Fragen,* Erstes Quartal 1984, S. 52

Morgendämmerung im Pazifik

War denn die Drohung eines Rückzugs überhaupt ernst zu nehmen? Diese Frage galt es vor allen anderen zu beantworten.

Wir sind auf die Vereinigten Staaten angewiesen. Dazu gibt es keine Alternative. Aber sind denn die USA nicht ebenso auf Westeuropa und die Bundesrepublik angewiesen? Sind die Vereinigten Staaten durch *ihre* nationalen Interessen nicht ebenso an Westeuropa gekettet, wie wir durch *unsere* nationalen Interessen an die USA gebunden sind? Was wären denn die Folgen eines Rückzugs? Die Antwort liegt doch auf der Hand. „Amerikas eigene Sicherheit würde entscheidend geschwächt, wenn es die europäische Gegenküste des Atlantiks und das zweitgrößte Industriepotential der Welt sowjetischem Einfluß überlassen würde.“ [73] Der einzige Nutznießer eines Abzugs der US-Soldaten aus Europa wäre die Sowjetunion. Diese Überlegung hielt Lawrence Eagleburger denn auch jenen US-Parlamentariern entgegen, die im Frühjahr 1982 mit Initiativen zum Abzug der amerikanischen Streitkräfte gedroht hatten. [74] Es sei ja gerade das zentrale Ziel der sowjetischen Außenpolitik, Amerika aus Europa hinauszustoßen. Daher sei, so Verteidigungsminister Weinberger, die Anwesenheit der Truppen in Europa im eigenen Interesse Amerikas. Der Hauptzweck der amerikanischen Prä-

73 Horst Ehmke: Überlegungen zur Selbstbehauptung Europas. Ein Diskussionspapier, *Politik, Aktuelle Informationen der SPD,* Nr. 1, Januar 1984, S. 5
74 *Süddeutsche Zeitung,* Nr. 73, 29. März 1982, S. 6

senz in Europa sei die Verteidigung der Vereinigten Staaten. Europa zu verlieren käme einer Tragödie gleich.[75] Das „eigene Interesse Amerikas“ ist nun in der Tat der Kern unserer Außenpolitik. Darauf können und müssen wir unsere eigene Sicherheit gründen. Die transatlantische Partnerschaft wird von der wechselseitigen Erkenntnis garantiert, daß ein Rückzug der US-Truppen für uns eine ebenso große Tragödie wäre wie für die Vereinigten Staaten. Das hält die Wertegemeinschaft zusammen. Das „eigene Interesse Amerikas“ ist das strategische Kalkül unserer Außenpolitik. Und die Kontinuität dieses strategischen Kalküls ist mit den künftigen Chancen unseres Staates ebenso verknüpft wie mit seiner Gründungsgeschichte.

Die entscheidende Frage westalliierter Politik unmittelbar nach dem Krieg lautete: wie gewinnen wir Sicherheit *vor Deutschland?* Bald aber trat die andere Frage in den Vordergrund, wie Sicherheit *vor* der *Sowjetunion* zu gewinnen sei. Den Übergang in der Fragestellung markiert die Kabinettsvorlage des britischen Außenministers Ernest Bevin vom 3. Mai 1946: „Bis vor wenigen Monaten waren wir der Meinung, das deutsche Problem beschränke sich einzig und allein auf Deutschland selbst und es gehe nur darum, den besten Weg zu finden, den Wiederaufstieg Deutschlands zu einer starken aggressiven Macht zu verhindern. (...) Aber es kann nicht länger als unser einziges oder wichtigstes Ziel betrachtet werden. Denn die russische Gefahr ist inzwischen mit Sicherheit genauso groß, möglicherweise aber noch größer als die Gefahr eines wiedererstarkenden Deutschland.“[76]

Die Antworten auf beide Fragen laufen spätestens 1948 in der Forderung nach einem vom Westen abhängigen Separatstaat zusammen. Dieser allein würde die Sicherheit vor Deutschland mit der Sicherheit vor der Sowjetunion verbinden. Damit kommt die westalliierte Deutschlandpolitik mit den Überlegungen Adenauers zur

75 *Süddeutsche Zeitung,* Nr. 52, 4. März 1982, S. 1

76 Deutschland, Kabinettsvorlage des britischen Außenministers Ernest Bevin, 3. Mai 1946, in Rolf Steininger: Deutsche Geschichte 1945 – 1961, Erster Band, Frankfurt: Fischer 1983, S. 188

Deckung. Es mußte also zunächst darum gehen, eine gesamtdeutsche Lösung zu verhindern. Denn ein vereintes Deutschland wäre immer der Gefahr ausgesetzt, unter die Kontrolle der Sowjetunion zu geraten. Die Sowjetunion müßte im Interesse der eigenen Sicherheit versuchen, diese Kontrolle über Deutschland zu erringen, da es sich sonst mit feindlichen Kräften zusammenschließen könnte. „Rußland und Deutschland zusammen", so die Überlegungen im englischen Außenministerium vom Mai 1948, „würden eine tödliche Gefahr für die westliche Welt sein."[77] Dagegen würde ein vereintes und nichtkommunistisches Deutschland bei der erstbesten Gelegenheit losschlagen, um seine verlorenen Ostgebiete zurückzuerobern. „Die Westmächte könnten dann nicht zusehen, wie dieses Deutschland vernichtet und von Rußland besetzt wird." Ein vereintes, aber neutrales Deutschland endlich könnte zwischen Ost und West pendeln und dem den Zuschlag geben, der am meisten bietet.[78]

Die Überlegungen, die von den Engländern und den Amerikanern über die Jahre hinweg angestellt werden, laufen immer wieder auf die Erkenntnis hinaus, daß eine gesamtdeutsche Lösung einen Machtgewinn für die Sowjetunion und eine Bedrohung für den Westen darstellen würde.[79] Noch im September 1982 charakterisierte ein Mitarbeiter aus dem US-Senat die Grundfigur westalliierter Deutschlandpolitik mit genau jenem Ausdruck aus dem englischen

77 Die Einheit Deutschlands, Aufzeichnungen von R.M.A. Hankey, 14. Mai 1948, in Rolf Steininger: Deutsche Geschichte 1945 – 1961, Zweiter Band, Frankfurt: Fischer 1983, S. 303; das folgende Zitat ebd.

78 „Meiner Meinung nach wird ein vereintes, nichtkommunistisches Deutschland, selbst wenn es mit uns verbündet ist, immer versucht sein, uns mit der Drohung zu erpressen, sich mit Rußland zu verbünden (...)." Aufzeichnungen von R.M.A. Hankey, in ebd. — „Insofern würde dieser Plan (geeintes Deutschland mit einer kleinen Armee) die Deutschen in die Lage versetzen, zwischen Ost und West zu pendeln und dem den Zuschlag zu erteilen, der am meisten bietet; damit aber würde wahrscheinlich eine neue und gefährliche Situation entstehen." Die Einheit Deutschlands. Streng geheimes Memorandum des Foreign Office vom 1. Juni 1951 für eine Kabinettsvorlage, in ebd., S. 434

79 Vergleiche zum Beispiel: Ein Deutschland, „absorbed by the Soviets or even oriented toward the East, would deny to the Nato the manifold advantages of

Außenministerium vom Mai 1948. „Die Vereinigten Staaten", sagte er, „sind ganz richtig davon überzeugt, daß sie in *tödlicher Gefahr* wären, wenn Europa in irgendeiner Weise der sowjetischen Einflußsphäre zufallen würde."[80]

Als entscheidend für die nüchterne Beurteilung der amerikanischen Rückzugsdrohung erwies sich die Frage, ob das strategische Interesse der USA an Westeuropa auch künftig die amerikanische Außenpolitik bestimmen werde. Es galt abzuschätzen, ob auch in den kommenden Jahrzehnten die amerikanischen Befürchtungen vor einem Machtgewinn der Sowjetunion stark genug wären, die US-Truppen in Westeuropa zu halten. Wir mußten uns versichern, daß auch künftige Entwicklungen unser strategisches Kalkül nicht in Frage stellen würden.

In der amerikanischen Diskussion der Jahre 1981 und 1982 wurden zwei Stichworte genannt, die, weil sie beide auf die Möglichkeit einer langfristigen globalen Machtverschiebung abzielten, einer näheren Untersuchung zu unterziehen waren. Es wurde einerseits gesagt, die Interessen der Vereinigten Staaten würden sich zunehmend in den schnell wachsenden Wirtschaftsraum des Pazifischen Bekkens verschieben. Und andererseits zeichne sich ab, daß Westeuropa an Bedeutung für die USA verliere, indem es zum langfristigen ökonomischen und politischen Abstieg verurteilt sei. Die Brisanz der beiden Stichworte lag in der Verknüpfung mit der Diskussion um einen Rückzug der US-Truppen aus Europa. Mit der Möglichkeit einer solchen Entwicklung aber war unser strategisches Kalkül in Frage gestellt.

Der schon erwähnte Aufsatz von Ronald C. Nairn im *Wall Street Journal* wäre keiner weiteren Beachtung wert gewesen, wenn er nicht gerade die angesprochene Verknüpfung militärischer und

West Germany and result in the accretion of these same advantages by the East". Top Secret, Report by the Joint Strategic Plans Committee to the Joint Chiefs of Staff on Strategic Issues Confronting the U.S. in Europe, 20. September 1954, zitiert nach ebd., S. 522

80 Angelo Codevilla: Referat, in Hans Rühle u.a. (Hrsg.): Der Neokonservativismus in den Vereinigten Staaten und seine Auswirkungen auf die Atlantische Allianz, Konferenz, 3.–6. September 1981, Melle: Knoth 1982, S. 341

langfristiger wirtschaftlicher Interessen enthalten hätte. „Europa ist ökonomisch“, so heißt es da, „ein guter Handelspartner für die USA. Aber der Handel mit Japan ist größer als mit irgendeinem europäischen Land und wird denjenigen mit Europa bald überrunden. Südostasien hat einige Volkswirtschaften mit dem weltgrößten Wachstum und es hat eine größere Bevölkerungszahl als ganz Westeuropa.“ Und weiter: „Wenn wir die nahezu ausgereizten Märkte Westeuropas mit seinen 250 Millionen Verbrauchern gegen das fast unentwickelte Potential von anderthalb bis zwei Milliarden Menschen des Pazifischen Beckens halten, scheint Europa in der Tat eine kümmerliche Angelegenheit zu sein.“[81] Nairn fügt hinzu, daß ein Rückzug der amerikanischen Truppen von Europa allerdings nur unter dem Gesichtspunkt *langfristiger* strategischer Interessen gerechtfertigt sei. Dieser Gedankengang war nicht ganz neu. Mike Mansfield pflegte schon in den siebziger Jahren seine regelmäßig wiederkehrende Forderung im US-Senat nach einem Truppenabzug aus Europa mit dem damals für uns noch recht unverständlichen Hinweis zu verknüpfen, die pazifischen Interessen Amerikas seien wichtiger als seine Verbindungen mit den Europäern.[82]

Die Gegenüberstellung der wachsenden Bedeutung des pazifischen Raumes mit einem düsteren Bild Europas ist ein Motiv, das in den amerikanischen Medien immer öfter zu finden war. In der Zeitschrift *Business Week* wurden unter der Überschrift „Europas Malaise“ im Dezember 1981 die Krisensymptome der EG aufgezählt: die EG habe ihre Funktion als Wachstumsmotor verloren, seit dem

81 „Economically Europe is a good trading partner for the U.S. But Japan is a bigger trading partner than any country in Europe and soon will overwhelm Europe in this role. Southeast Asia has some of the fastest developing economies in the world and has more people than all of Western Europe. (. . .) Indeed when we measure the near-optimized markets of Europe and its 250 million persons against the near-unoptimized 1,5 billion to 2 billion people of the Pacific Basin alone, Europe seems a puny affair.“ Ronald C. Nairn: Should the U.S. Pull Out of Nato? *The Wall Street Journal,* Eastern Edition, Nr. 117, 15. Dezember 1981, S. 30

82 Eine Zusammenfassung der Argumente bietet Michael Mansfield: Pacific Visions, *Perspectives, The East-West Center Magazine,* Honolulu, Nr. 1, Frühjahr 1981, S. 12-15

zweiten Ölpreisschock von 1979 sei die wirtschaftliche Entwicklung ungenügend, die Industrien seien veraltet, neue Technologien würden weder ausreichend entwickelt noch eingesetzt, trotz hoher Forschungsausgaben seien die Innovationen kümmerlich. Außerdem werde Westeuropa von Arbeitslosigkeit, hohen Staatsausgaben, unbezahlbaren Sozialsystemen, renitenten Gewerkschaften, steigendem Protektionismus und anwachsenden politischen Differenzen niedergedrückt. In Amerika, so heißt es weiter, haben Regierungsmitglieder, Angehörige von multinationalen Konzernen, Bankiers und Ökonomen über die Folgen dieser Entwicklung nachzudenken begonnen. Eines schien sich abzuzeichnen: „Die EG wird zunehmend an Bedeutung verlieren.“[83]

Amerikaner und Japaner neigen dazu, eine solche Entwicklung vor einem weltgeschichtlichen Hintergrund zu sehen. Es ist die natürliche Ordnung der Dinge: der Aufstieg und der Fall von Nationen. Der Schwerpunkt der Weltgeschichte bewegte sich von Ägypten in den Mittelmeerraum, nach Griechenland und Rom, er überschritt die Alpen und führte Frankreich, England und Deutschland auf einen Höhepunkt. Die letzten drei Jahrzehnte endlich wurden von der transatlantischen Gemeinschaft geprägt. Aber jetzt stehen wir an der Schwelle zu einem neuen Zeitalter. „Über dem Zentralpazifik ist hoher Mittag“, schrieb Philip Bowring im November 1981 in der in Hongkong verlegten Zeitschrift *Far Eastern Economic Review.*[84] Europa aber ist in der Defensive. Das Durchschnitts-

83 „The EC will become increasingly irrelevant.“ *Business Week,* Nr. 2717, 7. Dezember 1981, S. 74 f.

84 „High noon is currently over the Central Pacific.“ Philip Bowring: Dawn Breaks Over the Sunbelt States, *Far Eastern Economic Review,* Nr. 46, 6. November 1981, S. 103. — Ähnlich hat auch der inzwischen verstorbene Zukunftsforscher Herman Kahn argumentiert: „The center of dynamism that used to be in the Mediterranean, at least for Western culture, and which then moved to northwest Europe and to the North Atlantic, is now moving (and has already partly moved) to the Pacific Basin.“ Herman Kahn: World Economic Development, 1979 and Beyond, Boulder, Col.: Westview Press 1979, S. 252. — Noch nicht hohen Mittag, aber Morgendämmerung sieht auch Yoshi Tsurumi, Professor an der City University of New York, über dem Pazifik: „For indeed, the sun is setting over the Atlantic, ending its 350 years of economic dominance, and ri-

alter der arbeitenden Bevölkerung nimmt zu. Die Zahl derer, die auf Kosten des Staates ihr Leben fristen, steigt an. Die Arbeitslosigkeit verhindert die Verjüngung durch zugewanderte Arbeiter. „Aus der Geschichte aber ist kein Beispiel bekannt, daß eine Nation mit einer immobilen, alternden Bevölkerung noch einen Aufstieg erlebt hat."[85]

Schon 1975 hat Norman Macrae in der Zeitschrift *The Economist* die Frage gestellt, ob sich das Gravitationszentrum des Welthandels vom Atlantik zum Pazifik bewege? Ob nach dem britischen und dem amerikanischen Jahrhundert jetzt das pazifische Jahrhundert anbreche?[86] Jiro Tokuyama vom „Nomura Research Institute" in Tokio sieht eine solche Perspektive vom englischen Universalhistoriker Arnold Toynbee bestätigt. Nach Toynbee vollzieht sich die globale Zivilisationsentwicklung in Zyklen von etwa 800 Jahren. Der gegenwärtige europäische Zyklus, der mit dem 13. Jahrhundert begann, geht jetzt zu Ende. Die Zeit vom 21. bis zum 28. Jahrhundert wird dann von einer asiatisch-pazifischen Zivilisation beherrscht werden.[87]

In einer wachsenden Zahl amerikanischer und japanischer Publikationen wurden in den letzten Jahren die Trends zusammengetragen, die alle darauf hinweisen, daß Europa und die Atlantische Gemeinschaft von der pazifischen Region als dem neuen Zentrum der Zivilisation und der technologischen Entwicklung abgelöst werden. In den USA mehrten sich die Stimmen derer, die die Abkehr Amerikas vom alten Europa forderten, weil die vitalen Interessen sich immer stärker im pazifischen Raum konzentrieren würden.

sing over the Pacific." Yoshi Tsurumi: The Future of American Trade, The Growing Power of the Pacific Basin, *Pacific Basin Quarterly,* Pacific Basin Center Foundation, Palo Alto, Nr. 11, Winter/Frühjahr 1984, S. 10

85 „(...) but there is no known example in history of nation with a static, aging people moving up in the world (...)." Philip Bowring: Dawn Breaks Over the Sunbelt States, *Far Eastern Economic Review,* Nr. 46, 6. November 1981, S. 104

86 Norman Macrae: Pacific Century, 1975 – 2075? *The Economist,* Nr. 6854, 4. Januar 1975, S. 15

87 Jiro Tokuyama: The Advantages of a Pacific Economic Basin, *Far Eastern Economic Review,* Nr. 12, 23. März 1979, S. 47

Das Bild ist widersprüchlich. Auf der einen Seite steht ein Westeuropa, das mit seinem Bruttosozialprodukt die USA überflügelt hat. Auf der anderen Seite wird der Abstieg Westeuropas der künftigen Dominanz der pazifischen Region mit den Führungsmächten Amerika und Japan gegenübergestellt. Es sind zwei verschiedene Perspektiven, die miteinander nicht aufgehen. Beide werden von jeweils anderen Trends gestützt. Aber beide sind im politischen Denken der USA präsent, oft miteinander verknüpft. Den Widerspruch wird die Zukunft lösen. Die atlantische Analyse stützt sich mehr auf die vergangenen drei Jahrzehnte. Sie beschreibt eine zurückgelegte Entwicklung, die vielleicht ihren Höhepunkt bereits erreicht hat. Der atlantischen Analyse liegt die Annahme zugrunde, daß die weltpolitischen und weltwirtschaftlichen Rahmenbedingungen der letzten dreißig Jahre auch unsere überschaubare Zukunft bestimmen werden. Die pazifische Analyse schenkt dagegen denjenigen Tendenzen mehr Aufmerksamkeit, die auf einen grundlegenden Wandel der Weltordnung hinweisen, auf einen Wandel, der sich jetzt erst ankündigt, in den nächsten Jahrzehnten und im kommenden Jahrhundert aber zum Durchbruch kommt. Das Jahr 1980 wird sich im Rückblick vielleicht als Wendepunkt eines globalen Prozesses herauskristallisieren. Auffällig ist immerhin, daß keine Prognosen bekannt sind, die der atlantischen Gemeinschaft im nächsten Jahrhundert eine dominierende Stellung in der Welt zuschreiben. Im Nachdenken über die fernere Zukunft verbleiben die Konturen Europas im Halbdunkel.

Wird sich der Schwerpunkt der amerikanischen Sicherheits- und Außenpolitik in den nächsten zwei oder drei Jahrzehnten in die pazifische Region verlagern? Wird sich ein solcher Prozeß auf Kosten unserer Sicherheit vollziehen? Diese Fragen galt es zu prüfen. Die Antworten konnten aber allein davon abhängen, welche Einschätzungen sich in den USA und auch in Japan durchsetzen würden. Die eigene Meinung galt es hier ganz zurückzustellen.

Die östliche Grenze des Pazifischen Beckens wird von Saint Louis am Mississippi gebildet. Hier steht der „Gateway Arch“, der als symbolisches Tor zum Westen gilt. Als westliche Grenze des Pazifi-

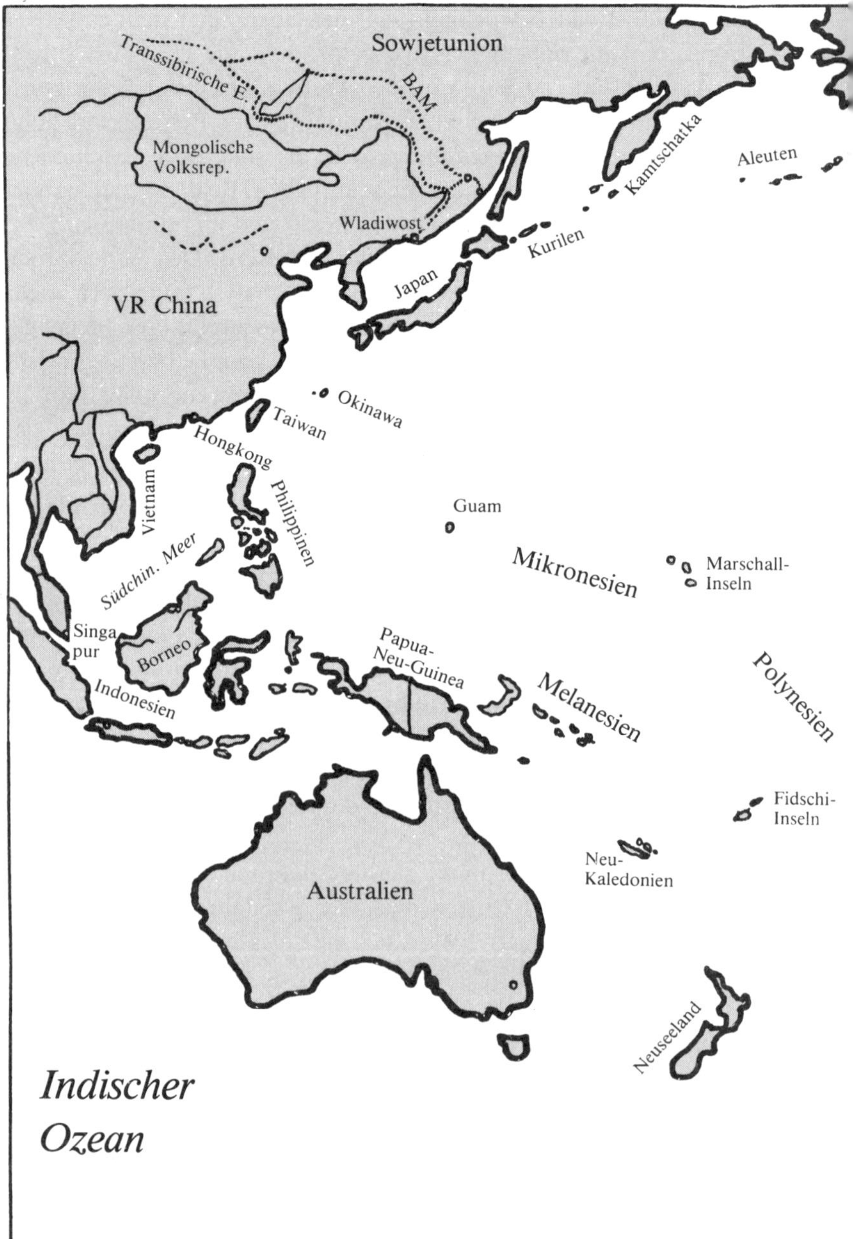
Sowjetunion
Transsibirische E.
BAM
Mongolische Volksrep.
Wladiwost
VR China
Kamtschatka
Aleuten
Kurilen
Japan
Okinawa
Taiwan
Hongkong
Philippinen
Vietnam
Südchin. Meer
Guam
Mikronesien
Marschall-Inseln
Singapur
Borneo
Indonesien
Papua-Neu-Guinea
Melanesien
Polynesien
Fidschi-Inseln
Neu-Kaledonien
Australien
Neuseeland
Indischer Ozean

Kanada
Atlantischer Ozean
Vereinigte Staaten
Saint-Louis
San Francisco
Los Angeles
Mexiko
Kuba
Haiti
Dom. Rep.
Honduras
Nicaragua
Hawaii
Guatemala
El Salvador
Costa Rica
Panama
Kolumbien
Ecuador
Peru
Bolivien
Chile
Argentinien
Pazifischer Ozean

schen Beckens kann das westliche Ende der Chinesischen Mauer betrachtet werden. Die Grenze im Norden wird von Barrow in Alaska und im Süden von Punta Arenas an der Südspitze Chiles markiert. Nach dieser Definition umfaßt das Pazifische Becken ungefähr 42 Prozent der Erdoberfläche und 43 Prozent der Weltbevölkerung. Geographisch gehören die folgenden Regionen dazu: der asiatische Teil der Sowjetunion; das östliche China ohne Tibet; Japan, Taiwan, Hongkong und Macao; der pazifische Teil Südostasiens, also die Philippinen, Vietnam, Kambodscha, Thailand, Laos, Malaysia, Brunei, Singapur und Indonesien; Ozeanien mit Australien, Neuseeland, Mikronesien, Melanesien und Polynesien; der westliche Teil der USA und Kanadas mit Kalifornien, Alaska, Colorado und dem pazifischen Nordwesten; Mexiko und Mittelamerika und endlich der pazifische Teil Südamerikas mit Kolumbien, Ecuador, Peru und Chile.[88]

Nach einer Studie der „Deutschen Bank" von 1976 liegen bei 11 von 19 ausgewählten mineralischen Rohstoffen die umfangreichsten Vorräte in den Ländern des Pazifischen Beckens: Baryt, Kupfer, Blei, Molybdän und Phosphat in den Vereinigten Staaten, Asbest und Zink in Kanada, Bauxit in Australien, Zinn in Thailand, Antimon und Tungsten in China. Hier konzentriert sich die weltgrößte Ausbeutung von Kohle und Eisen. Allein die ASEAN-Staaten Indonesien, Malaysia, Philippinen, Singapur, Thailand und Brunei halten an der Weltproduktion einen Anteil von 83 Prozent der Naturkautschukgewinnung, 71 Prozent der Zinn- und 84 Prozent der Palmölgewinnung. In Indonesien, unter dem chinesischen Festlandsockel und zwischen dem Ostchinesischen Meer und der Küste vor Vietnam lagern beachtliche Ölvorräte. Im Pazifischen Becken versammeln sich mit den Vereinigten Staaten, Kanada, Australien und Neuseeland vier der weltgrößten Nahrungsmittelexporteure. Nach Berechnungen von Jiro Tokuyama kommen 90

88 Die Beschreibung des Pazifischen Beckens ist entnommen aus Gerald W. Fry: The Pacific Challenge, A Transnational Future, *Asia Pacific Community,* Sommer 1983, S. 36 f.

Prozent der internationalen Weizenexporte aus dem pazifischen Raum.[89]

Die pazifische Region wird in wirtschaftlicher und politischer Hinsicht durch wachsende gegenseitige Abhängigkeit konstituiert. Im Pazifik entsteht ein vom atlantischen Markt getrennter, neuer regionaler Schwerpunktmarkt. Seine Wachstumspole sind die Westküstenstaaten der USA, Südostasien mit Japan, Taiwan und Südkorea sowie das Wirtschaftsgebiet der ASEAN-Staaten. Die wirtschaftliche Verflechtung der Pazifikstaaten erwächst aus den hohen innerregionalen Direktinvestitionen und Handelsströmen. Der Warenaustausch zwischen den wichtigsten Pazifik-Anrainern wurde für 1980 auf über 500 Milliarden US-Dollar geschätzt. Der Warenaustausch zwischen der Europäischen Gemeinschaft und den USA erreichte dagegen gerade 93 Milliarden US-Dollar.[90] Die wachsenden Interdependenzen im Pazifischen Becken können exemplarisch an der Abwendung Australiens und Neuseelands von ihrem Mutterland zugunsten ihrer pazifischen Handelspartner abgelesen werden. Von 1950 bis 1974 fiel der Anteil Großbritanniens an der australischen Ausfuhr von knapp 37 Prozent auf sechs Prozent. Im gleichen Zeitraum stieg dagegen der Anteil Japans von knapp fünf auf 29 Prozent.[91] Die Handelsintensität der marktwirtschaftlich orientierten Pazifik-Anrainer untereinander ist höher als

89 Angaben nach Deutsche Bank: Pazifisches Becken, Frankfurt: Societäts-Druckerei 1976, S. 5. — Harrison Brown: Referat, in: U.S. Congress, Hearings before the Subcommittee on Asian and Pacific Affairs of the Committee on Foreign Affairs: The Pacific Community Idea, 18. Juli 1979, Washington: U.S. Government Printing Office 1979, S. 7 f. (CIS: H381 – 22) — U.S. Congress, Senate, Committee on Foreign Relations: An Asian-Pacific Regional Economic Organization, An Exploratory Concept Paper, Juli 1979, Washington: U.S. Government Printing Office 1979, S. 36 – 39 (CIS: S382 – 33). — Jun Takeda: Prospects for the Pacific Basin Economic Community, *The Atlantic Papers*, Nr. 40, Juli 1980, S. 62. — Oskar Weggel: ASEAN, Regional- und Außenpolitik, *Aus Politik und Zeitgeschichte*, B 33, 18. August 1984, S. 18

90 Angaben nach Eberhard Rhein: Die pazifische Herausforderung, Gefahren und Chancen für Europa, *Europa-Archiv*, Folge 4, 1984, S. 102. — International Monetary Fund: Directions of Trade Statistics, Yearbook 1983

91 Miyohei Shinohara: Emerging Industrial Adjustment in Asia-Pacific Area, *Asia Pacific Community*, Winter 1981, S. 8

der Austausch mit anderen Weltregionen. Sechs von vierzehn Ländern tätigen über sechzig Prozent ihres Handels innerhalb der Region. Der Intrahandel von weiteren vier Ländern liegt über fünfzig Prozent und damit immer noch über dem EG-Anteil am Außenhandel der Bundesrepublik.[92] Der Rohstoffhandel ist dabei noch weitaus stärker regional konzentriert als der gesamte Außenhandel.[93] So hebt sich die pazifische Region als ein Handelsgeflecht höherer Dichte oder als Regionalisierungszentrum der Weltwirtschaft heraus.

Die Revolution durch die Datenverarbeitung ist in den marktwirtschaftlich orientierten Ländern der pazifischen Region weit fortgeschritten. Die Spitzenreiter sind Kalifornien und Japan. Singapur entwickelt sich zum Computer-Software-Zentrum Südostasiens. Im „Hsinchu Wissenschaftspark" in der Nähe von Taiwans Hauptstadt entsteht seit 1980 durch die gezielte Ansiedlung ausländischer High-Tech-Unternehmen ein neues Zentrum der Computer-Industrie.[94] Die Errichtung von „Science Based Industrial Parks" verdankt sich der Einsicht, daß die künftigen Marktchancen entscheidend vom Erfolg der wissensintensiven Industrien abhängen. Schon 1979 wurden in Ostasien mehr als doppelt so viele integrierte Schaltkreise gebaut wie in Westeuropa.[95] Die asiatisch-pazifische

92 Angaben nach Michael W. Osborne und Nicolas Fourt: Pacific Basin Economic Cooperation, OECD Development Centre, Paris 1983, S. 53. — International Monetary Fund: Directions of Trade Statistics, Yearbook 1983

93 Siehe Wilfried Lütkenhorst: Konzepte einer wirtschaftlichen Kooperation zwischen Industrie- und Entwicklungsländern im pazifischen Raum, Materialien und kleine Schriften 92, Herausgegeben vom Institut für Entwicklungsforschung und Entwicklungspolitik, Bochum: Ruhr-Universität 1982, S. 49

94 „As in Singapore, the secret of Taiwan's success is a generous incentive program. The most impressive part of the package is the Hsinchu Science Park near Taipei. Established in 1980, this ‚Silicon Valley East' boasts the presence of 57 foreign companies, 25 of which are already operating and exporting advanced products such as integrated circuits and microprocessor design equipment. Taiwanese authorities believe electronic exports will top $250 million this year. And if all goes according to plan, they expect that some 200 companies will have invested more than $1 billion in the 5,000-acre compound by 1989." *Newsweek*, Nr. 11, 12. März 1984, S. 37

95 Henri-Claude de Bettignies: Can Europe Survive the Pacific Century? *Euro-*

Region ist von der Informationstechnik und ihren Folgetechnologien geradezu fasziniert. Einer der wenigen guten deutschen Kenner dieser Region bemerkte dazu: „Man glaubt, daß diese Technologien in besonderem Maße dem konfuzianisch geformten Kulturkreis der Chinesen, Japaner und Koreaner sowie den mittelbar beeinflußten Völkern Südostasiens angemessen sind, und daß sie die technologisch-wirtschaftliche Basis eines pazifischen Zeitalters bilden."[96]

Das wirtschaftliche Wachstum in der pazifischen Region ist überdurchschnittlich. Zwischen 1960 und 1979 war die Zunahme des Pro-Kopf-Bruttosozialprodukts in Südkorea, Hongkong, Singapur und Japan dreimal höher als in der Bundesrepublik. Immer noch rund doppelt so hoch war es in Malaysia, Thailand und Indonesien.[97] In den vergangenen Jahren wurde das Wachstum durch die

Asia Business Review, Euro-Asia Centre INSEAD, Nr. 1, Oktober 1982, S. 11

96 Willy Kraus: Kündigt sich ein „pazifisches Zeitalter" an? *Orientierungen zur Wirtschafts- und Gesellschaftspolitik* 19, Ludwig-Erhard-Stiftung, März 1984, S. 30

97 Daten zum Wachstum des Pro-Kopf-Bruttosozialprodukts aus Philip Bowring: Dawn Breaks Over the Sunbelt States, *Far Eastern Economic Review*, Nr.46, 6. November 1981, S. 103

Bruttosozialprodukt (Gross National Product) der Pazifik-Länder (Australien, Japan, Neuseeland, Indonesien, Korea, Hongkong, Malaysia, Philippinen, Singapur und Taiwan ohne/mit USA in Mrd. US-$. Bruttosozialprodukt der EG der Neun (B/DK/D/F/I/L/NL/GB/IRL) in Mrd. US-$. In Klammern das BSP der Pazifik-Länder ohne/mit USA in Prozent des BSP der EG der Neun.

	Pazifik-Länder ohne USA	Pazifik-Länder mit USA	EG der Neun
1969	241 (43%)	1185 (212%)	560
1972	393 (46%)	1579 (185%)	855
1975	659 (48%)	2209 (160%)	1378
1978	1247 (62%)	3411 (170%)	2006
1981	1580 (65%)	4534 (187%)	2427

Das Bruttosozialprodukt wurde nach den jahresdurchschnittlichen Wechselkursen der Landeswährungen mit dem US-$ berechnet. Die Relation wird daher auch durch die Stärke und die Schwäche des US-$ bestimmt. Quelle: Eigene Berechnungen nach Daten aus International Monetary Fund: International Financial Statistics, Yearbook 1983; International Financial Statistics, Bd. 37, Nr. 2,

Folgen der Rezession zwar etwas gedämpft, kam aber nicht wie in Europa zum Erliegen. Für die künftige Entwicklung werden sich als die wahrscheinlich entscheidenden Momente der enorme Optimismus und die vitale Dynamik auswirken. Hier stoßen High-Tech und asiatische Spiritualität aufeinander. Es gibt die Vision einer transnationalen planetarischen Kultur.[98] Die Atmosphäre wird von der Erwartung einer glänzenden Zukunft beherrscht: „good vibrations" über dem Pazifik.

Die Worte unseres letzten Kaisers haben überraschend eine neue Aktualität gewonnen. Im Jahre 1908 bemerkte Wilhelm II., damals mit Blick auf das Flottenbauprogramm, in einem Interview mit dem *Daily Telegraph*: „Wer kann voraussehen, was in kommenden Tagen im Stillen Ozean geschehen kann, in Tagen, die nicht so fern sind, wie manche glauben, Tagen jedoch, auf die jedenfalls alle europäischen Mächte mit Interessen im Fernen Osten ständig sich vorbereiten sollten? Blicken Sie auf den vollzogenen Aufstieg Japans; und dann erwägen Sie die ungeheuren Probleme des Stillen Ozeans. Nur die Stimme derjenigen Mächte, die große Flotten haben, wird mit Achtung gehört werden, wenn die Frage der Zukunft des Stillen Ozeans zu lösen sein wird; und deshalb allein muß Deutschland eine starke Flotte haben."[99]

Westeuropa muß heute die pazifische Herausforderung annehmen, oder es wird untergehen. Aber Westeuropa bietet ein düsteres Bild. Hier scheint vor allem die Angst zu herrschen; Angst vor dem Krieg, Angst vor der technologischen Revolution, Angst vor neuen

Februar 1984. Daten für Hongkong 1969 – 1975 (Gross Domestic Product) aus Census and Statistic Department (Hongkong): Hongkong Social and Economic Trends 1967 – 1977; für Taiwan 1969 – 1975 aus Council for Economic Planning and Development, Executive Yuan: Taiwan Statistical Data Book, 1972 und 1979; für Hongkong und Taiwan für 1978 und 1981 aus Far Eastern Economic Review, Asia Yearbook 1979 ff.; Schätzung 1981 für Frankreich nach GDP.

98 Vergleiche Gerald W. Fry: The Pacific Challenge, A Transnational Future, *Asia Pacific Community*, Sommer 1983, S. 36 – 44; hier auch weitere Literaturhinweise.

99 Das Interview ist abgedruckt bei Bernhard Fürst von Bülow: Denkwürdigkeiten, Herausgegeben von Franz von Stockhammern, Zweiter Band, Berlin: Ullstein 1930, nach S. 352.

sozialen Herausforderungen, Angst vor der Zukunft überhaupt. Davon ist das Bild geprägt, das in den USA von Westeuropa entworfen wird. Die Amerikaner aber mögen keine Verlierer. Aber genau so sehen die Europäer aus.

Die Abkehr von Westeuropa prägt auch die Stimmungslage in Südostasien. Die Westeuropäer gelten zunehmend als abschreckendes Beispiel für den Verlust wirtschaftlicher Dynamik und die Unfähigkeit, die eigenen Probleme zu bewältigen. Dieser Stimmungswandel hat sich etwa in Malaysia darin niedergeschlagen, daß seit 1981 eine „Look-East"-Politik verfolgt wird; als neue Vorbilder für die eigene Entwicklung werden gezielt Japan und Südkorea propagiert. „Wir haben", sagte Malaysias Ministerpräsident Mahathir Mohamad, „lange Zeit nach Westen geschaut wie Japan im Frühstadium seiner Entwicklung. Aber der Westen ist nicht länger ein passendes Modell. Er hat seine Dynamik verloren. Die Leute dort wollen ein gutes Leben, ohne sich den Realitäten des Weltmarktes zu stellen, den sie nicht länger beherrschen können. Wenn wir sie nachahmen, landen wir mit ihnen im Sumpf. Die Japaner dagegen haben immer noch eine stürmische Entwicklung vor sich. Für Malaysia sind sie deshalb ein viel besseres Vorbild."[100]

In der asiatisch-pazifischen Region hat sich ein neues Gemeinschaftsbewußtsein herausgebildet. Die Bereitschaft zu wirtschaftlich-politischer Zusammenarbeit ist im Wachsen begriffen. Im Blick besonders auf die engen Handelsverflechtungen werden seit geraumer Zeit Konzepte der ökonomischen und politischen Kooperation der marktwirtschaftlich orientierten Pazifik-Anrainer diskutiert. Unverkennbar ist dabei eine gewisse antieuropäische Stoßrichtung. Ein Westeuropa, das sich langfristig seinem Niedergang ausgesetzt sieht, wird nicht als der ideale Partner für die Zukunft betrachtet. Überdies richtet sich nach Auffassung von Vordenkern der pazifischen Kooperation der institutionelle Rahmen von OECD und GATT gegen die wirtschaftliche Dynamik des pazifischen Rau-

100 Zitiert nach Erhard Haubold: Der Westen verliert Anziehungskraft, *Frankfurter Allgemeine Zeitung*, Nr. 44, 22. Februar 1982, S. 10

mes. Dieser institutionelle Rahmen, der nach dem Zweiten Weltkrieg etabliert wurde, schütze insbesondere die europäischen und atlantischen Interessen und damit die gegenwärtige Weltwirtschaftsordnung.[101]

Die Diskussion über mögliche Formen einer Pazifischen Gemeinschaft reicht bis in die frühen sechziger Jahre zurück. 1965 legte der japanische Wirtschaftswissenschaftler Kyoshi Kojima als erstes Resultat des Diskussionsprozesses einen Plan für eine pazifische Freihandelszone (PAFTA) vor. Ab 1968 wurden dann regelmäßig Konferenzen zu Fragen der wirtschaftlichen Integration und Kooperation im pazifischen Raum veranstaltet. In den siebziger Jahren stieß die Diskussion auch auf zunehmendes Interesse bei Mitgliedern von südostasiatischen Regierungen. Das entscheidende Datum ist das Jahr 1979. Der Amerikaner Hugh Patrick und der Australier Peter Drysdale legten im Auftrag des außenpolitischen Komitees des US-Senats den Vorschlag zur Bildung einer Organisation für pazifischen Handel und Entwicklung (OPTAD) vor.[102] Das OPTAD-Konzept umfaßt die fünf pazifischen Industrieländer, die ASEAN-Staaten, weiter Südkorea, Taiwan, Hongkong und die südpazifischen Inselstaaten. Vorgeschlagen werden institutionelle Mechanismen zur Koordination von Handel, Direktinvestitionen und Rohstoffversorgung. Die USA und Japan sollen dabei eine gewisse Führungsrolle übernehmen.

Ebenfalls 1979 hat die vom ehemaligen japanischen Ministerpräsidenten Ohira eingesetzte „Pacific Basin Cooperation Study Group“ ein Konzept vorgelegt.[103] Der japanische Vorschlag be-

101 Peter A. Drysdale und Hugh Patrick: Evaluation of a Proposed Asian-Pacific Regional Economic Organization, An Exploratory Concept Paper, Juli 1979, Washington: U.S. Government Printing Office 1979, S. 13 (CIS: S382 – 33)

102 Ebd., S. 1 – 25. Vergleiche auch U.S. Congress, Hearings before the Subcommittee on Asian and Pacific Affairs of the Committee on Foreign Affairs: The Pacific Community Idea, 18. Juli, 23. und 31. Oktober 1979, Washington: U.S. Government Printing Office 1979 (CIS: H381 – 22). — U.S. Congress, Joint Economic Committee: Pacific Region Interdependencies, A Compendium of Papers, 15. Juni 1981, Washington: U.S. Government Printing Office 1981 (CIS: J842 – 31)

schränkt sich gegenüber dem OPTAD-Konzept nicht auf ökonomische Fragen; durch die Förderung kultureller, gesellschaftlicher und politischer Verständigungsprozesse soll vorerst das Fundament für eine stärkere ökonomische Kooperation geschaffen werden. Die Gründung einer Gemeinschaft im Sinne des OPTAD-Konzepts wird erst für eine fernere Zukunft, vielleicht erst für das kommende Jahrhundert für sinnvoll gehalten.[104]

Seit 1979 ist das Interesse an Möglichkeiten und Formen der pazifischen Kooperation sprunghaft angestiegen. Diese Entwicklung hat sich in der Veranstaltung zahlreicher Konferenzen und Seminare niedergeschlagen. Zahlreiche Interessengruppen und Forschungsinstitutionen sind inzwischen entstanden.[105] Eine kaum mehr überschaubare Zahl von Aufsätzen und Studien zu den verschiedensten Aspekten der pazifischen Integration ist veröffentlicht worden.[106]

In Westeuropa hat man diese Entwicklung bisher nur ganz vereinzelt zur Kenntnis genommen.[107] Man begnügt sich zumeist mit

103 Pacific Basin Cooperation Study Group: Report on the Pacific Basin Cooperation Concept (1979, Endfassung 1980); abgedruckt in U.S. Congress, Joint Economic Committee: Pacific Region Interdependencies, S. 17 – 63

104 Eine zusammenfassende Darstellung der verschiedenen Kooperationsansätze bieten Michael Osborne und Nicolas Fourt: Pacific Basin Economic Cooperation, OECD Development Centre, Paris 1983, S. 7 – 10. — Willy Kraus und Wilfried Lütkenhorst: Atlantische Gegenwart — Pazifische Zukunft? Anmerkungen zur wirtschafts- und außenpolitischen Orientierung der USA, *Asien, Deutsche Zeitschrift für Politik, Wirtschaft und Kultur*, Nr. 10, Januar 1984, S. 7 – 9

105 Eine Übersicht über die wichtigsten Aktivitäten von 1968 bis Frühjahr 1983 enthält die in Anmerkung 104 genannte Publikation von Osborne und Fourt. Eine Übersicht über Organisationen im pazifischen Raum findet sich bei Paul F. Hooper (Hrsg.): Building a Pacific Community, East-West Center, Honolulu: University Press of Hawaii 1982, S. 139 – 154.

106 Der Verfasser möchte an dieser Stelle Herrn Dr. Rüdiger Lobenstein (Referat IV) für die wertvollen Literaturhinweise seinen besonderen Dank aussprechen.

107 Neben den schon genannten westeuropäischen Publikationen sei noch auf die folgenden Veröffentlichungen verwiesen: Wolfgang Ernst: European Trade with Pacific Basin Nations, in: Japan and the Pacific Basin, *The Atlantic Papers*, The Atlantic Institute for International Affairs, Paris, Nr. 40, Juli 1980, S. 32 – 39. — René Vermont: L'avènement du Pacifique, *Politique Etrangère*, Revue publiée par l'Institut Français des Relations Internationales, Nr. 3, Sep-

wenigen Schlagworten über das japanische Wirtschaftswunder. Aber Japan ist nur die Spitze des Eisbergs. Was heute im ostasiatisch-pazifischen Raum und in den USA diskutiert wird, kann für uns eines Tages zur existentiellen Frage werden. Die Integrationstendenzen im pazifischen Raum können sich in der außenpolitischen Orientierung der Vereinigten Staaten als Abwendung von Westeuropa niederschlagen. Diese Möglichkeit war bereits 1980 erkennbar.

In internen Diskussionen wurde mir gelegentlich entgegengehalten, solche Befürchtungen seien haltlos. Eine schnelle Realisierung der Pazifischen Gemeinschaft sei unwahrscheinlich. Das trifft ohne Zweifel zu. Die Spannungspotentiale in der pazifischen Region sollten in der Tat nicht unterschätzt werden. So vereinigt das OPTAD-Konzept ehemalige Kolonialmächte mit solchen Staaten, die sich erst in der jüngeren Vergangenheit von der Kolonialherrschaft befreien konnten. Im pazifischen Kooperationsansatz stehen Entwicklungsländer neben führenden Industrieländern. Besondere Beachtung verdient die Tatsache, daß die Staaten der pazifischen Region durch keine kulturelle Identität verbunden werden und kaum auf eine gemeinsame geschichtliche Vergangenheit zurückblicken können. Hier geht es nicht darum, ein gemeinsames kulturelles Erbe zu bewahren oder eine ungelöste geschichtliche Vergangenheit zu bewältigen. Die Ansätze einer Pazifischen Gemeinschaft richten sich ausschließlich auf eine weitreichende Zukunft. In diesem Sinne bemerkte der ehemalige japanische Premierminister Ohira, daß die pazifische Kooperation als Langzeitperspektive im Blick auf das 21. Jahrhundert verfolgt werden sollte.[108]

tember 1981, S. 625–636. — René Servoise: L'avènement du Pacifique, *Revue des Sciences morales et politiques*, Nr. 3, 1982, S. 483–493. — S. Kirby: Towards the Pacific Century, Economic Development in the Pacific Basin, EIU, Special Reports, Nr. 137, London: Economist Intelligence Unit 1983

108 „Prime Minister Ohira explained his own thinking on the subject: Pacific Basin Cooperation should be pursued as a longterm objective looking toward the 21st century (. . .)." Saburo Okita: The Future of Pacific Basin Cooperation, *Asien, Deutsche Zeitschrift für Politik, Wirtschaft und Kultur*, Nr. 1, Oktober 1981, S. 54

Fortschritte der pazifischen Kooperation wird man nicht nach den europäischen Maßstäben am Abschluß von Vertragswerken messen können. Die ASEAN-Staaten sind ein Beispiel für die erfolgreiche Abstimmung gemeinsamer Belange innerhalb eines nur locker gefaßten Rahmenwerkes. Der Zusammenschluß der sechs Staaten besitzt keinen formellen Vertragscharakter. Vereinbarungen werden nur ausnahmsweise in Vertragsform niedergelegt.[109]

Es gilt weiterhin zu beachten, daß sich die wirtschaftliche Integration im pazifischen Raum im Gegensatz zur Europäischen Gemeinschaft primär den Kräften des Marktes verdankt. Auf diesen Sachverhalt hat auch der ehemalige amerikanische Außenminister Cyrus Vance hingewiesen.[110] Daß die Diskussion über die Pazifische Gemeinschaft vor allem von Privatinitiativen vorangetrieben wird, ist in diesem Sinne nicht als ihre Schwäche, sondern als dynamisches und flexibles Moment einzuschätzen. Ein Beispiel einer solchen Privatinitiative wird vom „Pacific Basin Economic Council" (PBEC) dargestellt, einem Zusammenschluß von rund vierhundert großen Firmen aus Australien, Kanada, Japan, Neuseeland und den Vereinigten Staaten.

Die Europäische Gemeinschaft hat sich dagegen unter völlig verschiedenen Bedingungen entwickelt. Ihr Fundament, die westeuropäisch-christliche Zivilisation, wurde von einer rund zweitausendjährigen Geschichte vorbereitet. Ihre Institutionalisierung vollzog sich ausschließlich auf der staatlich-politischen Ebene. Der erste Impuls, die deutsch-französische Zusammenarbeit, entsprang weniger einer wirtschaftlichen, auf die Zukunft gerichteten Dynamik, sondern war vielmehr der Versuch, die verhängnisvolle politisch-ge-

109 Oskar Weggel: ASEAN, Regional- und Außenpolitik, *Aus Politik und Zeitgeschichte*, B 33, 18. August 1984, S. 20

110 „There are no analogues in the Pacific to the European payments union or the coal and steel community, or the common market, which helped crystallize an emerging consensus of European solidarity as it recovered from war and rivalries. Rather, in the Pacific, the growth of economic interdependence has been primarily a product of market sources." Cyrus Vance: American Foreign Policy for the Pacific Nations, *International Security*, Center for Science and International Affairs, Harvard University, Nr. 3, Winter 1980/81, S. 12

schichtliche Rivalität von Frankreich und Deutschland ökonomisch zu bewältigen. In ähnlicher Weise ist auch die OECD ein Produkt der europäischen Kriegsgeschichte. Ihre Vorform, die OEEC, wurde im Zuge des europäischen Wiederaufbaus nach dem Zweiten Weltkrieg zur Koordination der Marshallplanhilfe gegründet. Bemerkenswert ist auch die Tatsache, daß sich die deutsch-französische Zusammenarbeit zunächst auf Kohle und Stahl gründete, auf die Basis einer Wirtschaft also, die ihre Blüte im 19. und in der ersten Hälfte des 20. Jahrhunderts erlebte. Die Integration im pazifischen Raum baut dagegen entscheidend auf die zukunftsweisende Informationstechnologie und den Luftverkehr. Eine regelmäßige und schnelle Verbindung für den Personenverkehr zwischen Nordamerika und Ostasien wurde 1952 mit der Einrichtung von Direktflügen über den Nordpol geschaffen.[111] Der Pazifische Ozean, der infolge seiner riesigen Ausdehnung zunächst Kulturkreise getrennt hat, wird mit der modernen Transporttechnik zur verbindenden Drehscheibe. Mit der Rationalisierung von Lade- und Löschverfahren konnten die Transportkosten so weit gesenkt werden, daß sie im Verhältnis zum Herstellungspreis nicht mehr stark ins Gewicht fallen. Die Verschiffung von Stahlerzeugnissen von Japan nach Kalifornien beträgt nur noch ein Drittel des Preises, den der Transport von Chicago nach Kalifornien kosten würde.[112] Der Intrahandel der EG ist dagegen sehr stark auf den teuren Landverkehr angewiesen. Mit Blick auf die Integrationskraft des Seetransports für den pazifischen Raum kann die Europäische Gemeinschaft als eine ausgesprochene Festlandorganisation bezeichnet werden.

Es sei endlich noch hervorgehoben, daß die Europäische Gemeinschaft auf dem trotz vieler und blutiger Religionskriege homogenen Boden der weströmisch-christlichen Kultur ruht. Der pazifische Raum vereinigt dagegen so unterschiedliche religiöse Traditionen wie Buddhismus, Hinduismus, Islam, Christentum, Shintoismus

111 Vergleiche dazu Arnold Toynbee: A Study of History, Neunter Band, London: Oxford University Press ²1955, S. 483 – 490.

112 Deutsche Bank: Pazifisches Becken, Frankfurt: Societäts-Druckerei 1976, S. 5 und S. 15 f.

und Konfuzianismus. Diese religiöse und kulturelle Vielfalt kann sich für den Integrationsprozeß ungünstig auswirken, sie kann sich zusammen mit der technologischen Revolution aber auch zur Synthese einer völlig neuen Zivilisation entwickeln. So meinte Yoshi Tsurumi von der „City University of New York", Japan biete mit der Verschmelzung von konfuzianischem Unternehmertum und dem in der christlichen Tradition stehenden amerikanischen Kapitalismus das leistungsfähigste Modell für den Kapitalismus des 21. Jahrhunderts.[113]

Wenn wir nun nach dem Gewicht der pazifischen Region für die Vereinigten Staaten fragen, so ist festzustellen, daß die Wahrnehmung der Amerikaner insbesondere durch die Entwicklung des Handelsvolumens bestimmt wird. Es sind zwei historische Ereignisse, die in der amerikanischen Diskussion der vergangenen Jahre immer wieder herausgehoben wurden. Das erste Ereignis fand 1972 statt. In jenem Jahr übertraf der amerikanische Handel mit den Pazifikstaaten erstmals den Handel mit der Europäischen Gemeinschaft. Und 1979 wurde der amerikanische Transatlantikhandel mit ganz Westeuropa vom Pazifikhandel überrundet. Die beiden Ereignisse üben eine magische Wirkung auf die Amerikaner aus.

Wenn, wie zum Beispiel im Juni 1982 geschehen, Fred Ikle vom US-Verteidigungsministerium die Aufgabe hat, vor dem Außenpolitischen Ausschuß des US-Senats über die strategische Bedeutung des pazifischen Raumes zu sprechen, dann beginnt er ganz selbstverständlich mit dem Hinweis, daß der amerikanische Pazifikhandel jetzt bereits im zehnten Jahr den Handel mit der Europäischen Gemeinschaft übertreffe.[114] Er fügt hinzu, es würden alle Gründe

113 „Japan's effective blending of what I would call Confucian enterpreneurship with the best of American capitalism based on Judeo-Christian mores has already offered the Asian countries and the rest of the world the most efficient and long-lasting model for 21st-century capitalism." Yoshi Tsurumi: The Future of American Trade, The Growing Power of the Pacific Basin, *Pacific Basin Quarterly*, Pacific Basin Center Foundation, Palo Alto, Nr. 11, Winter/Frühjahr 1984, S. 10

114 „It is the region with which the United States conducts most of its trade — nearly $ 130 billion last year, surpassing our trade with Western Europe for the tenth

dafür sprechen, daß die ohnehin schon gewichtigen amerikanischen Interessen in Asien und im Pazifik mit dem wirtschaftlichen Wachstum in dieser Region noch weiter zunehmen werden.

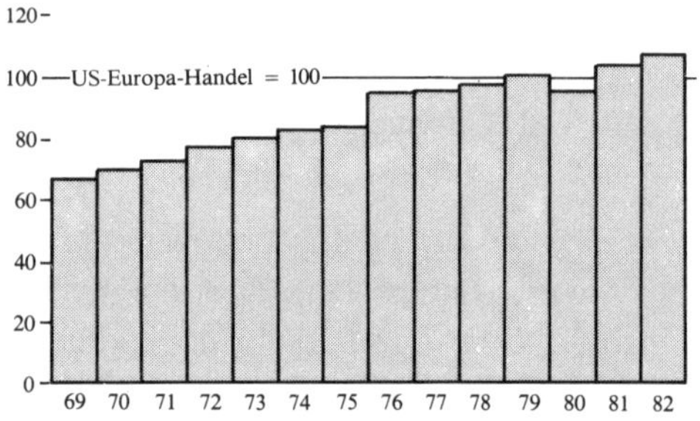

US-Europa-Handel: Export und Import der USA mit den europäischen OECD-Ländern (DK/D/F/I/GB/IRL/NL/B/A/CH/E/P/S/N/SF/IS/GR/TR/YU) und Gibraltar, Malta, Rumänien.

US-Pazifik-Handel: Export und Import der USA mit Australien, Neuseeland, Japan, Indonesien, Thailand, Hongkong, Korea, Malaysia, Philippinen, Singapur, Taiwan.

US-Pazifik-Handel im Vergleich zum US-Europa-Handel

Quelle: Eigene Berechnungen nach Daten aus International Monetary Fund: Direction of Trade, Annual 1969—1975, und Direction of Trade Statistics, Yearbook 1983. Daten für Taiwan aus Organization for Economic Co-operation and Development (OECD), Serie C: Commodity Trade (mit Titeländerungen), Paris 1967 ff.

Dabei geht es nicht nur um Handel und Technologie, sondern auch um die amerikanischen Investitionen in den Wachstumsindustrien der Pazifik-Anrainer. Die expandierenden Industrien der Schwellenländer Südkorea, Taiwan und Hongkong sowie der ASEAN-Staaten Indonesien, Malaysia, Philippinen, Singapur und Thailand ziehen Investitionskapital aus den USA und Japan an. Das Engagement in diesen Ländern verspricht satte Gewinne und

straight year." Fred Ikle: Referat, U.S. Senate, Committee on Foreign Relations, Hearings: East-West Relations, Focus on the Pacific, 10. Juni 1982, Washington: U.S. Government Printing Office 1982, S. 20 (CIS: S381 – 39). Vergleiche weiter Anthony C. Albrecht: American Economic Policy in East Asia (Referat auf dem Symposium „Japan and the Pacific Basin", Oktober 1979), *The Atlantic Papers,* Nr. 40, Juli 1980, S. 22 ff.; Paul Seabury: Nato, Thinking About the Unmentionable, *Wall Street Journal,* Eastern Edition, Nr. 124, 24. Dezember 1981, S. 6: „Two years ago, U.S. trade with other Pacific basin states (and even excluding Canada) exceeded in value America's transatlantic trade for the first time in our history." Vergleiche auch Bernhard K. Gordon: Asian Angst and American Policy, *Foreign Policy,* Nr. 47, Sommer 1982, S. 49

eröffnet neue Exportmöglichkeiten für die entwickelten Industrieländer.[115] Die Pazifik-Anrainer, in gewisser Weise vergleichbar mit den westeuropäischen Volkswirtschaften nach dem Krieg, üben einen Sog auf Anleger und Geschäftsleute aus. Das Wachstum der Produktion und des Handels vermittelt eine positive, dynamische Atmosphäre. Wer hier sein Kapital anlegt, investiert in die Zukunft. Das alles kann Europa nicht mehr bieten. Der Bedarf an ausländischem Investitionskapital ist gering. Die Wachstumsaussichten sind zweifelhaft.

Bürokratische Hindernisse, die Macht der Gewerkschaften und hohe Lohnkosten erschweren das Geschäft. Und in der Tat hat das amerikanische Engagement in Europa dramatisch abgenommen. Während der jährliche Zuwachs der direkten US-Investitionen in der Bundesrepublik bis Mitte der siebziger Jahre über zehn Prozent lag, bewegte er sich von 1979 bis 1981 unter zwei Prozent.[116] Soweit überhaupt noch ausländisches Kapital in die Bundesrepublik floß, handelte es sich zum überwiegenden Teil um Kapitalerhöhungen schon bestehender Auslandsfirmen. Die Neuzugänge wurden überdies, wie die Deutsche Bundesbank 1982 feststellte, durch den Kapitalabfluß infolge der Veräußerung früherer Beteiligungen an Inländer weit mehr als aufgewogen.[117] Der Wert der amerikanischen Beteiligungen in Europa ist zwar durch die reinvestierten Gewinne noch gewachsen, aber das scheint in den USA wenig Eindruck hinterlassen zu haben. Das Weltbild in der Wall Street wird vielleicht weniger vom gleichsam ruhenden Anlagevermögen, stärker aber von den dynamischen Kapitalströmen bestimmt. Und Westeuropa zieht eben kein Kapital mehr an. Das scheint in den

115 Anthony C. Albrecht vom US-Außenministerium: „US direct investment in the area is estimated at $ 15 billion, producing strong returns for US firms (estimated at over $ 2 billion in 1976) and leading to increased opportunities for US exports.“ *The Atlantic Papers,* Nr. 40, Juli 1980, S. 24

116 Angaben nach der K-2-Statistik des Bundeswirtschaftsministeriums. Vergleiche dazu die abweichenden Daten der K-4-Statistik der Deutschen Bundesbank.

117 Die Entwicklung der Kapitalverflechtung der Unternehmen mit dem Ausland von 1976 bis 1980, *Monatsberichte der Deutschen Bundesbank,* Nr. 8, August 1982, S. 44

USA einen tiefgreifenden Wandel in der Haltung zu Westeuropa ausgelöst zu haben.[118] In den Planungsabteilungen der großen US-Gesellschaften begann man die Investitionsstrategien für Europa zu überdenken. 1982 haben die amerikanischen Direktinvestitionen nur noch im asiatisch-pazifischen Raum zugenommen.[119]

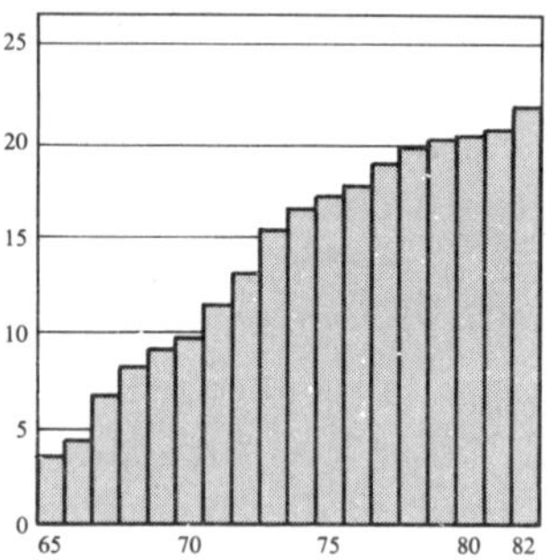

Entwicklung des Bestandes von US-Direktinvestitionen in der Bundesrepublik in Mrd. DM (K-2-Statistik)

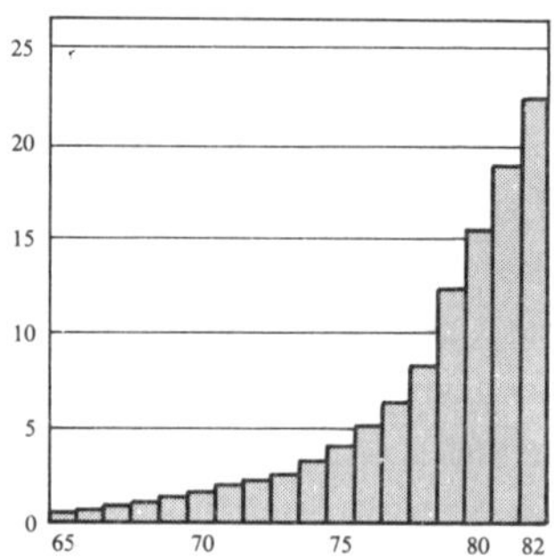

Entwicklung des Bestandes deutscher Direktinvestitionen in den USA in Mrd. DM (K-1-Statistik)

Quellen: Daten für 1965—1977 aus Henry Krägenau: Interantionale Direktinvestitionen, Ergänzungsband 1978/79, Hamburg: Verlag Weltarchiv 1979, S. 160 und 176; für 1978—1980 aus Henry Krägenau: Internationale Direketinvestionen, Ergänzungsband 1982, Hamburg: Verlag Weltarchiv 1982, S. 178 und 211; für 1981 und 1982 Mitteilung des Bundeswirtschaftsministeriums.

Die amerikanische Außen- und Sicherheitspolitik wird grundsätzlich von der Tatsache bestimmt, daß die Vereinigten Staaten gleichermaßen eine pazifische wie eine atlantische Macht sind. Der Eintritt Amerikas in den Zweiten Weltkrieg fand mit dem japanischen Angriff am 7. Dezember 1941 auf den in Hawaii gelegenen Stützpunkt Pearl Harbor im Pazifik statt. Nach 1945 haben die USA Kriege in Korea und in Vietnam geführt.

Die amerikanische Asienpolitik in den siebziger Jahren wurde insbesondere von der Öffnung Chinas und der Katastrophe in Viet-

118 George A. Anderson von United Technologies Corp.: „There has been a sea change in thinking about Europe. No one could honestly recommend new investment in this climate." Zitiert nach *Business Week,* 7. Dezember 1981, S. 77
119 *Die Zeit,* Nr. 17, 20. April 1984, S. 22

nam bestimmt. Auf Maos Wunsch nach einem Besuch des amerikanischen Präsidenten vom Dezember 1970 folgten die vertraulichen Kontakte Henry Kissingers mit der chinesischen Führung. Im Februar 1972 wurde Richard Nixon in Peking empfangen.

Die Bilder der aus Saigon flüchtenden Amerikaner vom April 1975 entfalteten in den USA eine traumatische Wirkung. Sie markierten eine tiefgehende Verunsicherung in der Asienpolitik. Damit begann die „Post-Vietnam-Zeit“.[120] Aber der Fall Saigons führte nicht, wie man vielleicht hätte erwarten können, zum Rückzug der USA aus Asien. Vielmehr wurde das Ende des Vietnam-Krieges als Anstoß betrachtet, über die künftige Rolle der USA in Asien nachzudenken. Davon werden viele Publikationen der Jahre 1975 und 1976 beherrscht.[121]

Der außenpolitische Diskussionsprozeß in den USA hat einen für uns Deutsche ganz ungewohnten Charakter. Ganz pragmatisch und voraussetzungslos werden von außenpolitischen Denkern, Professoren und Forschungsinstituten verschiedene außenpolitische Optionen auf Vorteile und Nachteile diskutiert. Die Resultate fließen oft unmittelbar in das „decision making“, in den Entscheidungsprozeß der Regierung ein. In der Bonner Außenpolitik lebt dagegen noch mehr die Tradition des Kaiserlichen Geheimrats fort. Eine für die aktuellen Fragen irgendwie brauchbare Diskussion findet in der deutschen Öffentlichkeit nicht statt. Die Kontinuität der deutschen Außenpolitik wird von einer zuverlässigen, manchmal aber auch etwas schwerfälligen Ministerialbürokratie gewahrt. Die amerikanische Außenpolitik überrascht immer wieder durch ihren pragmati-

120 Edwin O. Reischauer: Back to Normalcy, *Foreign Policy,* Nr. 20, Herbst 1975, S. 199

121 „However, it seems to me that the end of the war in Vietnam provides a usefull opportunity to reassess and redefine our role in Asia.“ Maynard Parker: One of Four, *Foreign Policy,* Nr. 20, Herbst 1975, S. 210. — Vergleiche auch Amos Yoder: Options for a New Policy in East Asia, *Asian Survey, Monthly Review of Contemporary Asian Affairs,* Nr. 5, Mai 1976, S. 478 – 491. — Paul Seabury: America's Stake in the Pacific, Washington: Ethics and Public Policy Center 1981. — Ramon H. Myers (Hrsg.): A U.S. Foreign Policy for Asia, The 1980s and Beyond, Stanford, Cal.: Hoover Institution Press 1982

schen und flexiblen, manchmal auch sprunghaften Lauf. Der Wechsel der Administration kann die großen Linien abrupt in Frage stellen und die Verbündeten in Ratlosigkeit stürzen.

Das Nachdenken über Asien führte noch unter der Regierung Gerald Fords zu einem ersten greifbaren Niederschlag. Nach dem Besuch in Peking machte Ford in Hawaii Zwischenstation. In Hawaii, dem „Inselstern am amerikanischen Firmament", wie Ford sagte, „treffen unsere Vergangenheit und unsere Zukunft zusammen". Hier, „im Schnittpunkt aller Wege im Pazifik", verkündete er am 7. Dezember 1975 die „Pazifik-Doktrin".[122] Auf den Tag genau 34 Jahre nach dem japanischen Angriff auf Pearl Harbor versammelt der amerikanische Präsident die Motive, die sich in den folgenden Jahren dann immer deutlicher als die großen Linien der künftigen Asienpolitik der USA herauszukristallisieren beginnen.[123] Er ruft dazu auf, mit den neuen und alten Ländern zusammen „das größte Zivilisationsgebiet an den Küsten des größten unserer Ozeane zu schaffen". Er erinnert daran, daß die Vereinigten Staaten, die Sowjetunion, China und Japan alle Pazifikmächte sind. Das Zentrum der politischen Macht in den Vereinigten Staaten, fährt er fort, hat sich nach Westen verlagert. Das Wachstum der asiatisch-pazifischen Wirtschaft übertrifft jede andere Region der Welt. Der amerikanische Handel mit Ostasien hat mit einem Wachstum von mehr als dreißig Prozent den Austausch mit der Europäischen Gemeinschaft überflügelt. Amerika ist auf die Rohstoffe im Pazifik und auf die Wirtschaftsbeziehungen mit seinen Ländern angewiesen. Die gegenseitigen Abhängigkeiten, die Interdependenzen, sind mit der zunehmenden Zusammenarbeit im Wachsen begriffen. Die

122 Pazifik-Doktrin, verkündet vom Präsidenten der Vereinigten Staaten, Gerald R. Ford, in einer Rede im Ost-West-Zentrum der Universität Hawaii in Honolulu am 7. Dezember 1975, *Europa-Archiv,* Folge 6, 1976, D 156–160; Zitate aus der Rede D 157 und 160. Die Pazifik-Doktrin von Ford spielt in der Diskussion über die Asienpolitik zwar keine zentrale Rolle, sie enthält aber die fundamentalen Motive.

123 Gerald R. Ford: „Die Art und Weise, in der ich die Erinnerung an Pearl Harbor gepflegt sehen möchte, ist: Erhaltung der Macht der Vergangenheit für den Aufbau der Zukunft." (D 156 f.)

multirassische Gesellschaft Hawaiis ist die Verheißung einer einzigartigen Republik, die alle Rassen der Welt einschließt. „In Asien beginnt ein neues Zeitalter.“[124]

Mit Afghanistan ist die Herausforderung der sowjetischen Militärmacht im asiatisch-pazifischen Raum stärker in den Vordergrund getreten. Die Sowjetunion forciert den Ausbau ihrer Streitkräfte in Ostasien seit dem Grenzkonflikt mit China Ende der sechziger Jahre. Nach Informationen von US-Admiral Robert L. Long, Oberbefehlshaber des Pazifischen Kommandos (PACOM), ist die Truppenstärke östlich des Urals seit 1965 von 150000 Soldaten auf rund eine halbe Million gesteigert worden. Weiter sind in Richtung auf Südwestasien 120000 und in Afghanistan 90000 Soldaten stationiert. Der Aufbau von rund hundert SS-20-Raketen stellt für Japan eine unmittelbare Bedrohung dar. Daneben verdient die Erweiterung und Modernisierung der Luftwaffe und der Kriegsflotte besondere Beachtung. Auf Sachalin, nördlich von Japan, und auf den Kurilen, nordöstlich an Hokkaido angrenzend, befinden sich ebenfalls sowjetische Truppen. In Vietnam hat die Sowjetunion Militärbasen in Da Nang und Cam Ranh errichtet. Damit hat sie ihre Operationsfähigkeit in einer strategisch empfindlichen Region entscheidend verbessert. Sowjetische Schiffe können den Indischen Ozean jetzt in zwei Tagen statt in einer Woche von Wladiwostok aus erreichen. Mit den neu eingeführten sowjetischen „Backfire“-Bombern können von Kamtschatka und Cam Ranh Einsätze gegen amerikanische Stützpunkte auf Guam, den Philippinen und den Midway-Inseln geflogen werden.[125] Die für Japan und die USA vitalen See-

124 Vergleiche auch die Rede des Außenministers Cyrus Vance unter der Carter-Administration vor der „Asia Society“ in New York am 29. Juni 1977, *Europa-Archiv,* Folge 21, 1977, D 577 – 583. „Rund ein Viertel unseres gesamten Handels wickeln wir heute mit Ostasien und dem Pazifik ab. Im vorigen Jahr haben wir amerikanische Erzeugnisse im Werte von 22 Milliarden Dollar an diese Region verkauft. In den letzten fünf Jahren haben wir mit dieser Region mehr Handel getrieben als mit irgendeiner anderen Region der Welt, einschließlich der Europäischen Gemeinschaft.“ (D 577)

125 Angaben nach Drew Middleton: Soviet Navy, Buildup Seen in the Pacific, *New York Times,* Nr. 45490, 7. November 1982, S. A 4. — Allen S. Whiting: Siberian Development and East Asia, Stanford, Cal.: Stanford University Press

wege werden damit dem militärischen Zugriff der Sowjetunion ausgesetzt. Allein der Erdöltransport durch den Pazifik erreicht wertmäßig rund 200 Milliarden US-Dollar.[126] Die Europäer übersehen meist, daß in der Sicht der Vereinigten Staaten der Persische Golf seine Bedeutung zuerst vom Pazifik und erst an zweiter Stelle von Westeuropa her gewinnt.[127] Um so mehr bedauern wir die Entscheidung der USA, den Golf dem amerikanischen Oberbefehlshaber in Europa zu entziehen und dem im Januar 1983 gebildeten Regionalkommando für den Nahen und den Mittleren Osten (CENTCOM) einzugliedern.[128] Das neue Regionalkommando wurde zwischen den europäischen Zuständigkeitsbereich (EUCOM) und das Pazifische Kommando (PACOM) eingeschoben.

Mit der zunehmenden sowjetischen Herausforderung wächst auch die strategische Bedeutung der amerikanischen Stützpunkte im asiatisch-pazifischen Raum. Nur rund achthundert Meilen von den sowjetischen Stützpunkten in Vietnam entfernt liegen auf den Philippinen die US-Stützpunkte „Clark Air Base" und „Subic Naval Base". Bei letzterem handelt es sich um die weltweit größte amerikanische Marinebasis außerhalb der USA.[129] Die US-Basen auf

1981, S. 88 – 99. — Fred Ikle: Referat, U.S. Senate, Committee on Foreign Relations, Hearings: East-West Relations, Focus on the Pacific, 10. Juni 1982, Washington: U.S. Government Printing Office 1982, S. 20 ff. (CIS: S381 – 39)

126 Fred Ikle: „Many of the strategic resources on which we and our allies depend, including $200 billion each year in oil, come from or transit the Pacific." (Ebd., S. 20)

127 Fred Ikle: „(...) by helping to defend or to protect Southwest Asia, and the Persian Gulf area, which are so vital for the survival of Japan, we help protect Japan and our other allies in the Pacific. So, these actions taken to strengthen the capabilities of the Rapid Deployment Force and related to the Persian Gulf are actions taken actually in support of our longstanding alliance with our Pacific allies." (Ebd., S. 25)

128 Christoph Bertram: Parallelen, Unterschiede und Wechselwirkungen der Entwicklung im pazifischen und im atlantischen Raum, Referat beim Kolloquium „Der pazifische Raum" des Planungsstabes des Auswärtigen Amtes, Bonn, 15. Dezember 1983, S. 3. Vergleiche dazu *Österreichische Militärische Zeitschrift*, Heft 4, Juli/August 1984, S. 365 – 367

129 Vergleiche dazu die Zusammenstellung der amerikanischen Militäreinrichtungen im asiatisch-pazifischen Raum in William R. Feeney: The Pacific Basing System and U.S. Security, in William T. Tow und William R. Feeney (Hrsg.): U.S.

Japan im Verbund mit dessen Selbstverteidigungskräften haben mit der Konzentration von sowjetischen Militäreinrichtungen um Wladiwostok eine Aufwertung erfahren. Die russische Flotte muß, um aus dem Japanischen Meer in den Pazifischen Ozean zu gelangen, eine der drei Seestraßen von La Pérouse, nördlich von Hokkaido, von Tsugaru, zwischen Hokkaido und Honshu, oder von Tsushima zwischen Honshu und Südkorea passieren. Zwar werden von der Reagan-Administration immer wieder die geringen Militärausgaben Japans bemängelt, zugleich wurde aber auch festgestellt, daß Japan die Beiträge für die amerikanischen Truppen nicht nur erhöht hat, sondern auch mehr als jeder andere Alliierte pro US-Soldat bezahlt.[130] Mit einem Seitenblick auf die Europäer bemerkte Cyrus Vance, daß Japan die Vereinigten Staaten in Krisensituationen wie Iran und Afghanistan bereitwillig und rechtzeitig unterstützt hätte.[131] Japan, so der US-Botschafter in Tokio, sei überhaupt der zuverlässigste Bündnispartner.

Die Volksrepublik China sieht sich im Norden von 500000 sowjetischen Soldaten und im Süden von 250000 vietnamesischen Soldaten bedroht. Die chinesische Führung hat schon in den siebziger Jahren die Amerikaner davor gewarnt, mit Phrasen von Entspannung die rauhe Wirklichkeit der wachsenden sowjetischen Kriegsgefahr zu verschleiern.[132] Die Annäherung zwischen China und den USA,

Foreign Policy and Asian Pacific Security, A Transregional Approach, Boulder, Col.: Westview Press 1982, S. 174 ff.

130 „One is to increase the efficacy of Japan's military build-up, this year at a growth rate of 4 percent in real terms, which is higher than that of any of our Nato allies." James W. Morley: Referat, U.S. Senate, Committee on Foreign Relations, Hearings: East-West Relations, Focus on the Pacific, 16. Juni 1982, Washington: U.S. Government Printing Office 1982, S. 67. — Vergleiche auch Robert A. Scalapino: Pacific Prospects, *The Washington Quarterly, A Review of Strategic and International Issues,* Nr. 2, Frühjahr 1981, S. 7

131 „Japanese support on such international issues as Iran and Afghanistan has been timely and forthcoming." Cyrus Vance: American Foreign Policy for the Pacific Nations, *International Security*, Nr. 3, Winter 1980/81, S. 8

132 „Heute ist jenes Land, das am eifrigsten vom Frieden predigt, die gefährlichste Quelle des Krieges. Phrasen von ‚Entspannung' können die rauhe Wirklichkeit der wachsenden Kriegsgefahr nicht verschleiern." Der stellvertretende Ministerpräsident der VR China Teng Hsiao-ping bei einem zu Ehren von Präsident

die zunächst nur mühsam vorankam, erreichte mit der Normalisierung der gegenseitigen Beziehungen im Januar 1979 einen ersten Höhepunkt. Die sowjetische Intervention in Afghanistan hat den Verständigungsprozeß beschleunigt. Mit dem Abbruch der Entspannungspolitik und der neuen Einschätzung der Sowjetunion haben sich die Amerikaner der chinesischen Position angenähert. Die Reise von US-Verteidigungsminister Brown nach China im Januar 1980, die schon Monate vorher abgesprochen war, erhielt mit der Afghanistan-Intervention zusätzliches Gewicht. Die USA und China stimmten in der Einschätzung der politischen Lage überein und forderten gemeinsam den vollständigen Rückzug der sowjetischen Truppen.[133] Die gemeinsamen sicherheitspolitischen Interessen sind stärker geworden. Die entscheidende Rolle der amerikanisch-chinesischen Beziehungen ist nach den Worten des ehemaligen US-Außenministers Alexander Haig vom März 1981 „eine fundamentale strategische Realität und ein strategischer Imperativ".[134] Die Regierung Reagan konnte aber wegen ihres ungeschickten Taktierens in der Taiwan-Frage die neuen Chancen zunächst nicht voll nutzen.[135] Langfristig werden sich die beiden Mächte aber doch näherkommen. China ist auf amerikanische Technologie angewiesen, und die USA sehen in China einen Markt von enormer Entwicklungsfähigkeit. Überdies unterstützt die chinesische Führung die japanisch-amerikanische Zusammenarbeit und die Steigerung der japanischen Verteidigungsanstrengungen. Schon Anfang 1979 brachte der stellvertretende Ministerpräsident Teng Hsiao-ping einer Gruppe amerikanischer Senatoren gegenüber zum Ausdruck, daß China eine erweiterte Präsenz der amerikanischen Marine im westlichen Pazifik begrüßen würde.[136] Die Chinesen sehen darin ein Gegengewicht zur

Ford in Peking gegebenen Essen am 1. Dezember 1975, *Europa-Archiv*, Folge 6, 1976, D 147

133 Siehe Henning Behrens: Die Afghanistan-Intervention der UdSSR, München: tuduv 1982, S. 96 f.

134 *New York Times*, Nr. 44895, 22. März 1981, S. A 5

135 Zur Kritik der amerikanischen Asienpolitik siehe Michael Haas: Sick Man of the Pacific, *Asian Pacific Community*, Sommer 1983, S. 45–63

136 *New York Times*, Nr. 44093, 10. Januar 1979, S. A 1

sowjetischen Bedrohung. Die Verlagerung des sowjetischen Machtzentrums nach Ostasien wird den Schulterschluß der USA, Japans und Chinas nur festigen können.

Für die Schwerpunktverschiebung in der Sowjetunion nach Osten sind demographische und wirtschaftliche Gründe verantwortlich. Die Geburtenrate im moslemischen Zentralasien ist dreimal so hoch wie im europäischen Teil Rußlands. Nach Schätzungen wird 1995 jeder dritte Rekrut in den Bodenstreitkräften ein Moslem aus Zentralasien sein.[137] Mehr als die Hälfte des sowjetischen Staatsgebiets liegt in Sibirien und in ostasiatischen Zonen. Diese Region wird für die Rohstoff- und Energiegewinnung wie für die Wirtschaftskraft immer entscheidender werden. Der Erschließung des an Bodenschätzen reichen Gebiets dient der Bau der 3100 Kilometer langen Eisenbahnlinie vom Baikalsee nach Komsomolsk am Amur; von hier aus existiert bereits eine Verbindung nach Sowjetskaja-Gawan an der Pazifikküste. Die Baikal-Amur-Magistrale (BAM), wie sie genannt wird, hat auch strategische Bedeutung, da sie in größerer Entfernung als die Transsibirische Eisenbahn zur chinesischen Grenze verläuft und durch bergiges Gelände besser gegen militärische Angriffe geschützt ist.[138] Weiter sind in Sibirien sechs große, regionale Industriekomplexe geplant oder bereits vollendet. Der Ausbau der Häfen von Vostochnyy auf Sachalin und von Nakhodka in der Nähe von Wladiwostok für die Abfertigung von Containerschiffen ist Zeichen für die Orientierung auf den pazifischen Handel.

Der Sog nach Osten wird von der militärischen Entwicklung unterstützt. Die Waffendichte der ostasiatischen Region wird weltweit nur noch von Zentraleuropa übertroffen. Die sowjetische Führung scheint sich darauf eingerichtet zu haben, daß der zweite große

137 William E. Griffith: Die Sowjetunion, die Vereinigten Staaten und der pazifische Raum, Papier zum Kolloquium „Der pazifische Raum" des Planungsstabes des Auswärtigen Amtes, Bonn, 15. Dezember 1983, S. 4

138 Zur wirtschaftlichen und strategischen Bedeutung der Baikal-Amur-Magistrale siehe Allen S. Whiting: Siberian Development and East Asia, Stanford, Cal.: Stanford University Press 1981, S. 51 – 64 und S. 93 – 107

Kriegsschauplatz im Osten liegen wird.[139] Gerade weil landgestützte strategische Nuklearwaffen zunehmend verwundbar werden und seegestützte Systeme wachsende Bedeutung gewinnen, erhalten auch die sowjetischen Basen in Nordostasien ein größeres strategisches Gewicht. Die atomgetriebenen U-Boote der Taifun-Klasse erreichen mit den SS-N-20-Raketen das amerikanische Festland, ohne die Heimatgewässer verlassen zu müssen.[140] Die USA werden ihrerseits ihre militärische Position im pazifischen Raum in den späten achtziger Jahren mit der Stationierung von unverwundbaren seegestützten Trident-II- und D-5-Flugkörpern verbessern.[141]

Der Wandel im asiatisch-pazifischen Raum in den siebziger und den beginnenden achtziger Jahren ist äußerst vielschichtig. Die Entwicklung der Wirtschaftskraft, des Handels und der Technologie verbindet sich mit der wachsenden strategischen Bedeutung der Seewege und der Bodenschätze. Die Aufwertung der Region in der außenpolitischen und militärischen Planung der beiden Supermächte konnte nicht ausbleiben. Die Abkühlung der internationalen Beziehungen hat mit Beginn der achtziger Jahre die rasche Einbeziehung des asiatisch-pazifischen Raumes in die globale geopolitische Lage gefördert. Die Europäer müssen sich mit dem Gedanken vertraut machen, daß sich die wirtschaftlichen und politischen Schwerpunkte der Weltpolitik zunehmend in den pazifischen Raum verlagern werden.[142] Der Ost-West-Konflikt konzentriert sich in der Wahrnehmung der Supermächte immer mehr im Pazifik. Diese Tendenz wird von der innenpolitischen Verschiebung des Machtzentrums in der Sowjetunion nach Ostasien begleitet.

139 „(...) it seems clear that a second major theater of war — with permanent requirements that are almost, if not quite comparable to those of the European theater — has become a permanent fixture in Soviet military planning." Harry Gelman: The Soviet Buildup and Soviet Risk-Taking Against China, A Project Air Force Report Prepared for the United States Air Force, R-2943-AF, Santa Monica, Cal.: RAND, August 1982, S. 110

140 Drew Middleton: Soviet Navy, *New York Times*, Nr. 45 490, 7. November 1982, S. A 4

141 William E. Griffith: Die Sowjetunion, die Vereinigten Staaten und der pazifische Raum, Papier zum Kolloquium „Der pazifische Raum" des Planungsstabes des Auswärtigen Amtes, Bonn, 15. Dezember 1983, S. 17

Eine ähnliche Entwicklung vollzieht sich auch in den Vereinigten Staaten. Das war für unsere Fragestellung nach den künftigen Prioritäten der amerikanischen Außenpolitik ganz entscheidend. Denn mit dieser Verschiebung kommt die USA auch innenpolitisch der Aufwertung des pazifischen Raumes entgegen.

In geschichtlicher Perspektive mag die Tatsache Beachtung verdienen, daß die innenpolitische Bewegung der USA nach Westen und der Sowjetunion nach Osten sowie das Ausgreifen der beiden Mächte in den pazifischen Raum im 19. Jahrhundert gleichsam vorbereitet wird.

Die Aneignung weiter Teile Sibiriens durch das zaristische Rußland vollzieht sich zunächst im 17. und 18. Jahrhundert. In der zweiten Hälfte des 19. Jahrhunderts erfolgt ein zweiter großer Expansionsschub. Im Jahre 1858 werden die Amur- und die Küsten-Provinz erworben. 1860 wird Wladiwostok, die „Beherrscherin des Ostens", gegründet und 1871 zum zentralen Hafen der russischen Pazifikflotte ausgebaut. 1875 wird die Insel Sachalin russisch. Um 1900 erfolgt nach dem Boxeraufstand die militärische Besetzung der Mandschurei. In den neunziger Jahren wird die Transsibirische Eisenbahn erbaut und 1901 mit dem letzten Teilstück durch die Mandschurei bis Wladiwostok fortgeführt. Drei Jahre zuvor, im Jahre 1898, besetzt Rußland aufgrund eines Pachtvertrags Port Arthur bei der chinesischen Stadt Lüta am Gelben Meer und errichtet hier den stärksten Stützpunkt für seine Pazifikflotte. 1905 scheitert die russische Expansionspolitik in Ostasien mit der Niederlage in der Seeschlacht bei Tsushima gegen die Japaner. Rußland muß die Mandschurei räumen und verliert Port Arthur und die südliche Hälfte Sachalins an Japan. Damit ist Japan zur unumstrittenen Vormacht im Fernen Osten aufgerückt. Rußland gibt die Expansionspolitik in Ostasien auf und wendet sich, zum Unheil Europas, wieder einer aktiven Balkanpolitik zu.

142 Peter J. Opitz: Die Rolle Europas in einer sich wandelnden Welt, Perspektiven für das ausgehende 20. Jahrhundert, *The Korean Journal of International Relations,* Nr. 23, 1983, S. 115

Zeitlich parallel zur russischen Expansion in Ostasien vollzieht sich in der zweiten Hälfte des 19. Jahrhunderts die Ausdehnung der Vereinigten Staaten. Nach 1850 erfolgt die schnelle Besiedelung der Gebiete westlich von Kansas City bis zur Pazifikküste. 1869 werden Chicago und San Francisco mit der Union-Central-Pazifik-Bahn verbunden, 1883 wird die Süd-Pazifik-Bahn von New Orleans nach Los Angeles vollendet. Die Aufnahme der neugebildeten Staaten in die Union ist in den neunziger Jahren bis auf wenige Ausnahmen abgeschlossen. Im Laufe des 19. Jahrhunderts greifen die Vereinigten Staaten auch in die Aufteilung des pazifischen Raumes durch die europäischen Kolonialmächte ein. 1854 erzwingt ein amerikanisches Geschwader unter der Führung von Commodore Perry die Öffnung Japans und den Abschluß eines Handelsvertrages mit den Vereinigten Staaten. 1867 wird Alaska von Rußland käuflich erworben. 1875 errichten die Amerikaner den Flottenstützpunkt Pearl Harbor auf Hawaii; 1897 wird die Inselgruppe annektiert. Ein Jahr später und gleichzeitig mit der Besetzung von Port Arthur durch russische Truppen, fallen die Philippinen und Guam an die Vereinigten Staaten infolge von Spaniens Niederlage im Krieg gegen die USA.

In der zweiten Hälfte des 19. Jahrhunderts erleben die Vereinigten Staaten den Aufstieg zur Weltmacht durch die Ausdehnung des Handels, die schnelle industriell-wirtschaftliche Entwicklung, den Ausbau der Vormachtstellung in Mittel- und Südamerika und das Ausgreifen westwärts in den pazifischen Raum. Das rasche Wachstum der Bevölkerung, das sich etwa zur gleichen Zeit vollzieht, wird von der Einwanderung aus Europa gespeist. Europa ist der Ursprung der amerikanischen Zivilisation. Als Ursprung ist es für Amerika Vergangenheit. Amerikas Aufstieg zur Weltmacht bis zum Beginn des 20. Jahrhunderts vollzieht sich als Expansionsbewegung westwärts. Europa aber liegt im Osten. Diese geschichtliche Bewegung muß man sich vor Augen halten, wenn Senator John Glenn 1979 im Vorwort zum Konzept einer Pazifischen Wirtschaftsgemeinschaft bemerkt, daß die Zukunft der USA wie ein Jahrhundert zuvor wiederum im Westen liege.[143]

Die innenpolitische Verschiebung des amerikanischen Machtzentrums nach Westen in den siebziger und den beginnenden achtziger Jahren wird vor allem durch das wachsende Gewicht Kaliforniens bestimmt. Der industrielle Aufstieg Kaliforniens begann mit der Rüstungsproduktion im Zweiten Weltkrieg. Von den Kriegen in Korea und Vietnam erhielt er neue Anstöße. Heute sind im „Sun Belt", im Südwesten der USA, die technologisch fortschrittlichen Wachstumsindustrien der Energie, der Elektronik und der Luft- und Raumfahrt konzentriert. In Kalifornien hat sich das Zentrum der amerikanischen Grundlagenforschung entwickelt. Der wirtschaftliche Aufstieg des Südwestens wird vom Zerfall der „Schornsteinindustrien" im Osten und Nordosten, im „Frost Belt", begleitet. In den vierziger Jahren kamen 72 Prozent der amerikanischen Industrieproduktion aus dem Nordosten, in den siebziger Jahren aber betrug der Anteil nur noch 46 Prozent.[144] Wäre Kalifornien ein unabhängiger Staat, würde es mit seinem Bruttosozialprodukt an sechster oder siebter Stelle der Weltrangliste stehen. Die 26 Millionen Kalifornier produzieren ungefähr gleich viel wie Großbritannien mit 56 Millionen Einwohnern.[145] Mit dem wirtschaftlichen Wachstum im pazifischen Raum hat sich Kalifornien auch zu einem neuen Finanz- und Handelszentrum entwickelt.

Im Jahre 1981 überstieg die Bevölkerung des Westens und des Südens erstmals in der Geschichte Amerikas diejenige des Nordostens und des mittleren Westens.[146] Die Volkszählung von 1980 hat ergeben, daß sich der statistische Schwerpunkt der amerikani-

143 „Just as a century ago, the U. S. future is westward." U. S. Senate, Committee on Foreign Relations: An Asian-Pacific Regional Economic Organization, An Exploratory Concept Paper, Juli 1979, Washington: U. S. Government Printing Office 1979, S. VIII (CIS: S382 – 33)

144 Eine neue Wirtschaftsgemeinschaft im Pazifik? Wachsendes Interesse in Amerika, Japan und Australien, *Neue Zürcher Zeitung,* Fernausgabe, Nr. 39, 17. Februar 1980, S. 10

145 Jay Mathews: Gateway to America Now Faces the Orient, *The Guardian Weekly,* Nr. 4, 22. Juli 1984, S. 17. — *Neue Zürcher Zeitung,* Inlandausgabe, Nr. 174, 28. Juli 1984, S. 1

146 Zur Bevölkerungsentwicklung und innenpolitischen Gewichtsverlagerung nach Südwesten vergleiche die ausführliche Studie von Dick Kirschten: America on

schen Bevölkerung um weitere achtzig Kilometer nach Südwesten verschoben hat. Er liegt jetzt zum ersten Male westlich des „Gateway Arch“ in Saint Louis, dem Tor zum Wilden Westen.[147] Die Bevölkerung im Südwesten wächst schneller als der Landesdurchschnitt. Sie wird vom Zuzug aus dem Osten und den Einwanderern aus Lateinamerika und Asien vermehrt. Hier konzentriert sich die junge und die nichteuropäische Bevölkerung. Hier versammelt sich das Desinteresse an Europa. Das hat auch außenpolitische Konsequenzen.

Mit der Kongreßwahl von 1982 verfügen das erste Mal der Westen und der Süden über die Mehrheit der Sitze. Das ist ein Gewinn für die Republikaner und für Ronald Reagan. Er repräsentiert das politische Bewußtsein des Südwestens. Kennedy war der letzte Präsident von der europäisch orientierten Ostküste.

Die Nachkriegsordnung mit der Atlantischen Allianz als ihrem Zentrum wurde von einem außenpolitischen Establishment geschaffen, das im europäischen Geist erzogen wurde.[148] Mit seiner Hilfe entstanden das Weltwährungssystem von Bretton Woods, die Vereinten Nationen, der Marshall-Plan und die Nato. Aber unter Reagan wurde die europäisch-atlantische Orientierung der außenpolitischen Institutionen so grundsätzlich wie noch nie in Frage gestellt. Das muß kurzfristig keinen dramatischen Wandel im Verhältnis zu Europa hervorrufen. Aber es sind die Voraussetzungen dafür geschaffen, daß sich die innenpolitische Gewichtsverlagerung nach Südwesten zusammen mit der wachsenden Bedeutung des pazifischen Raumes langfristig in einer antieuropäischen Umorientierung der Außenpolitik niederschlagen könnte.

the Move, *National Journal,* Government Research Corporation, Washington, Nr. 46, 14. November 1981, S. 2016 – 2024

147 Karl H. Kahrs: Die Verlagerung des inneramerikanischen Schwerpunkts nach Südwesten, Neue Einflüsse auf das außenpolitische Denken in den Vereinigten Staaten, *Europa-Archiv,* Folge 11,1982, S. 338

148 Ebd., S. 337 f.

Eine Vision für das nächste Jahrhundert

Im Laufe des Jahres 1982 gewann ich aus den skizzierten Überlegungen die Gewißheit, daß die Verschiebung des inneramerikanischen Schwerpunktes in Richtung Pazifik zumindest auf dem wirtschaftlichen Feld einen unaufhaltsamen Prozeß darstellt. Und es gab einige Anzeichen für eine parallele außen- und sicherheitspolitische Entwicklung. Unter Präsident Carter hatte Europa zunächst noch eine eindeutige verteidigungs- und außenpolitische Priorität. Die sowjetische Afghanistan-Intervention scheint aber einen ersten Revisionsprozeß der traditionellen strategischen Prioritäten in Washington ausgelöst zu haben. Wenn Carter zu Beginn seiner Amtszeit noch die Entmilitarisierung des Indischen Ozeans vorschlug, so wurde jetzt als unmittelbare Reaktion auf Afghanistan die umgehende und auf weiteren Ausbau angelegte Erhöhung der militärischen Präsenz der USA im Indischen Ozean beschlossen. Mit dieser Maßnahme sollte im Mittleren Osten ein Gegendruck erzeugt werden, um die Sowjetunion von einer weiteren Expansion abzuhalten.[149] Im April 1980 mußten wir außerdem zur Kenntnis nehmen, daß Carter der Aufkündigung der nunmehr fast dreißigjährigen Swing-Strategie zugestimmt hatte. Die Swing-Strategie wurde während des Koreakrieges in den frühen fünfziger Jahren aus der Sorge

149 Siehe Henning Behrens: Die Afghanistan-Intervention der UdSSR, München: tuduv 1982, S. 91 und S. 96

heraus etabliert, die Sowjets könnten über Europa herfallen, wenn die USA im Fernen Osten militärisch gebunden sind. Vorgesehen wurde darum die Verschiebung amerikanischer Kräfte aus dem Pazifik nach Europa für den Fall eines sowjetischen Angriffs. Die Swing-Strategie wurde von den USA anläßlich des Vietnamkrieges in den späten sechziger Jahren von neuem bestätigt. Und Carter hat 1977 bei seiner Amtseinführung an der Strategie noch festgehalten. Die überraschende Aufkündigung der Strategie wurde mit dem Hinweis auf die erweiterte militärische Präsenz im Indischen Ozean und die wachsende sowjetische Bedrohung in Ostasien begründet. Das amerikanische Außenministerium sprach sich in internen Diskussionen aus der nicht unbegründeten Furcht vor einer Verunsicherung der Nato-Europäer für die Beibehaltung der Strategie aus, hatte damit aber keinen Erfolg. Richard Burt versah seinen Bericht in der *New York Times* über die unangenehme Neuigkeit mit der sinnreichen Überschrift „Der Schwerpunkt der amerikanischen Strategie verlagert sich von Europa zum Pazifik".[150]

Unter Präsident Reagan gewann diese Verlagerung erhöhte Aufmerksamkeit. Der pazifische Raum gilt fortan nicht mehr länger als zweitrangig.[151] Der noch unter Carter ins Auge gefaßte Rückzug von Truppen aus Südkorea wurde endgültig aufgegeben. Die US-Stützpunkte auf den Philippinen wurden ausgebaut. Geplant wird neben weiteren Maßnahmen die Verdoppelung der Mannschafts-

150 Richard Burt: U. S. Strategy Focus Shifting From Europe to Pacific, *New York Times,* Nr. 44 594, 25. Mai 1980, S. A 3

151 Admiral i. R. James R. Holloway III.: „I can say that during the Carter administration there was considerable emphasis on a Nato-first concept of a U. S. military defense posture." — „As I understand the emerging foreign policy of this administration, examine the 5-year defense plan, and read Secretary Weinberger's statements, all indicate, that we are again facing up to our responsibilities in the Pacific. We are acknowledging that the Soviet Union, really our only major antagonist, is a Pacific power as well as a threat to Nato, and this administration apparently intends to respond to Soviet initiatives any place in the world, and that includes the Pacific Ocean and the Indian Ocean." U. S. Senate, Committee on Foreign Relations, Hearings: East-West Relations, Focus on the Pacific, 16. Juni 1982, Washington: U. S. Government Printing Office 1982, S. 73 und S. 74 (CIS: S381 – 39)

stärke und der Kampfflugzeuge im Bereich des Pazifischen Luftkommandos (PACAF). Im Jahre 1976, nach dem Ende des Vietnamkrieges, befanden sich im PACAF-Bereich 33 000 Mann und 250 Kampfflugzeuge. Bis 1985 soll die Stärke wieder auf über 500 Kampfflugzeuge und 60 000 Mann erhöht werden.[152]

Die vitalen Interessen Amerikas im pazifischen Raum werden in den kommenden Jahren unumstritten zunehmen. Ob eine solche Entwicklung einschneidende Folgen für uns Europäer nach sich ziehen würde, blieb 1982 noch ungewiß. Nicht zu übersehen war, daß die USA wegen fehlender Haushaltsmittel und Truppenreserven eine bedeutende Verstärkung ihres militärischen Potentials im Pazifik ohne Abstriche in Westeuropa nicht würden durchführen können.

Zwei Axiome des politischen Denkens in den USA könnten sich für uns verhängnisvoll auswirken. Die Amerikaner denken in Alternativen. Wenn der pazifische Raum Priorität gewinnen sollte, kann das nur auf Kosten Westeuropas gehen. Die Amerikaner sind nicht bereit, sich ein ausgewogenes Dreieck aus Westeuropa, dem Pazifik und den USA auch nur vorzustellen. Daran werden auch unsere Beschwörungen nichts ändern. Das zweite Axiom im amerikanischen Denken ist die starke Ausrichtung auf handelspolitische Interessen. Daher werden außenpolitische Konsequenzen aus einem weiter wachsenden Pazifikhandel nicht ausbleiben.

Die Vorstellung, daß die US-Außenpolitik nach den Handelsstatistiken gemacht würde, wäre aber falsch. Statistiken werden herangezogen, um politische Trends und Kraftlinien zu dokumentieren. Was statistisch nicht ins Bild paßt, wird weggelassen. Es trifft zu, daß der Handel mit dem Pazifik seit 1972 größer ist als derjenige mit der Europäischen Gemeinschaft. In allen Erklärungen amerikanischer Politiker wird aber verschwiegen, daß die USA seit 1973 ununterbrochen einen Ausfuhrüberschuß gegenüber der EG erwirtschaften, während aus dem pazifischen Raum der US-Import jedes

152 *Österreichische Militärische Zeitschrift,* Heft 5, September/Oktober 1983, S. 463 f.

Jahr wertmäßig weit über dem Export liegt.[153] Hinter den amerikanischen Vergleichen des Pazifikhandels mit dem EG-Handel steht eben nicht die Statistik, sondern ein politischer Wille. Darum bleiben auch die westeuropäischen Versuche, die Amerikaner mit wissenschaftlich korrekt interpretierten Statistiken vom falschen Weg abzubringen, so nutzlos.

Welche Schlüsse waren nun für Europa und besonders für uns Deutsche aus den dargestellten Entwicklungen zu ziehen? Wir haben auf der einen Seite eine atlantische Analyse. Sie zeigt, daß Westeuropa immer stärker geworden ist und zunehmend mit den USA in Konkurrenz kommt. Das verärgert die Amerikaner. Auf der anderen Seite haben wir eine pazifische Analyse. Sie sagt, daß Amerika im pazifischen Raum eine große Zukunft hat, während Westeuropa allmählich in der Bedeutungslosigkeit versinken werde. Die atlantische Analyse entspricht mehr der traditionellen Orientierung der amerikanischen Außenpolitiker von der Ostküste. Die pazifische Analyse kommt einem Weltbild entgegen, das seinen politischen Ursprung an der Westküste, besonders in Kalifornien, hat.

Nach Würdigung der vielfältigen Aspekte schien es mir nicht mehr unwahrscheinlich, daß sich in Washington der Ärger über die Europäer mit dem schlichten Desinteresse an Europa verbinden könnte. Das außenpolitische Establishment der Ostküste sieht Amerika durch sein nationales Interesse an Europa gekettet. Der drohende Machtverlust als Folge eines Rückzugs ist ein Preis, der zu hoch ist. Genau hier bieten die Republikaner von der Westküste einen Ausweg, indem sie dem langfristig eigentlich unbedeutenden Positionsverlust in Europa eine glänzende Machtentfaltung im pazifischen Raum entgegenstellen können. Und diese Perspektive hat der atlantischen Orientierung gegenüber einen unbestreitbaren Vorzug: sie enthält eine Vision bis in das nächste Jahrhundert hinein.

153 Im Jahr 1980 betrug das US-Handelsbilanzdefizit mit dem pazifischen Raum rund 20 Mrd. US-$ gegen einen Handelsbilanzüberschuß mit der EG von rund 16 Mrd. US-$ (eigene Berechnungen nach Daten aus International Monetary Fund: Direction of Trade Statistics, Yearbook 1983).

Die Atlantiker können an Stelle einer solchen Vision nur die Aussicht auf wachsenden Ärger mit den Europäern bieten.

In einer solchen Konstellation, das war durchaus denkbar, könnte ein Entscheidungsprozeß in Gang kommen, an dessen Ende die Abkehr Amerikas von Europa stehen würde.

Die Brisanz der Situation lag in der Verknüpfung der pazifischen Option mit den wachsenden Zweifeln der Amerikaner an der nuklearstrategischen Garantie für Europa. Diese Verknüpfung einer ökonomischen Dynamik mit strategischen Problemen ist nach meiner Auffassung auch von Fachleuten unterschätzt worden. Wenn die Europäer mit der Nachrüstung ursprünglich darauf zielten, sich der nuklearstrategischen Garantie der USA zu versichern, so zeichnete sich im Frühjahr 1982 die paradoxe Möglichkeit ab, daß die enervierende Debatte um die Nachrüstung gerade den Anstoß zur Abkehr Amerikas von Europa geben könnte. Für uns ging es nur darum — und das war gewissermaßen noch das alte Problem Adenauers —, ob uns von neuem eine dauerhafte Bindung der Amerikaner an Deutschland gelingen würde. Das strategische Kalkül, die politische Klammer, war von neuem zu schmieden. Davon würde die Zukunft für Deutschland abhängen. Das rechtfertigte jede nur denkbare Anstrengung. Ohne unseren eigenen entschiedenen Willen werden die USA unsere Freiheit nicht ewig schützen. Keiner von uns hätte die Verantwortung dafür übernehmen können, eine Entwicklung in einer entgegengesetzten Richtung zu fördern.[154]

154 „Die Weltmacht USA geht heute selbst durch eine kritische Phase. Sie muß sich damit auseinandersetzen, daß große Teile ihrer öffentlichen Meinung den 'freeze' fordern, und daß der enorme Haushaltsunterschuß auf ein erträgliches Maß reduziert werden muß, was kaum möglich ist, ohne daß es zu Kürzungen des Verteidigungshaushalts kommt. Gleichzeitig aber akzeptieren die Amerikaner keine Beeinträchtigung ihrer nationalen Sicherheit. Dieser doppelte Druck wird letzten Endes mit großer Wahrscheinlichkeit in Richtung auf einen Abbau amerikanischer überseeischer Verpflichtungen gehen. Ob es möglich sein wird, zu verhindern, daß sich dies längerfristig auch auf die Atlantische Allianz auswirkt, ist zumindest ungewiß. Kein deutscher Politiker sollte die Verantwortung dafür übernehmen, solche Entwicklungen ungewollt zu fördern. Ohne unseren eigenen entschiedenen Willen werden die USA unsere Freiheit nicht ewig schützen." Berndt von Staden: Deutsche und Amerikaner — Irritationen, *Außenpolitik, Zeitschrift für internationale Fragen,* Erstes Quartal, 1984, S. 51 f.

Die Richtung und das Gewicht einzelner Motive im außenpolitischen Entscheidungsprozeß der Amerikaner blieben aber noch unklar. Unsere Wertung der pazifischen Option in der Außenpolitik der USA war umstritten, gewann aber an Aufmerksamkeit.[155] Unbestritten war im Auswärtigen Amt, daß die europäisch-amerikanische Beziehung auf dem Spiel stand. Diese Einschätzung eigneten sich auch westeuropäische Politiker und Militärs an. Einige von ihnen — unter anderem Martin Bangemann, Leo Tindemans und General Robert Close — sahen sich durch die Ernsthaftigkeit der amerikanischen Rückzugsdrohung veranlaßt, über mögliche Auswege nachzudenken. Mit dieser Absicht wurde noch im Frühjahr 1982 in Luxemburg ein Europäisches Institut für Verteidigungsfragen gegründet.[156]

155 Vergleiche dazu die Referate zum Kolloquium „Der pazifische Raum" des Planungsstabes des Auswärtigen Amtes, Bonn, 15. Dezember 1983.

156 „But there is evidence now that some senior European politicians and military have started to plan for the possibility that there may be a gradual US disengagement from Western Europe in the years ahead and, therefore, the need for a distinct European defence strategy, independent of the US. This, at any rate, is the policy issue which is to be studied in the European Institute for Defence Affairs which has just been set up in Luxembourg." *The Guardian Weekly,* 4. April 1982, S. 6

Der politische Gebrauch von Waffen

Eine schwankende Position ist für die Bundesrepublik, geopolitisch mitten in Europa gelegen, lebensgefährlich. Durch eine alle Seiten verunsichernde Schaukelpolitik zwischen West und Ost würde Deutschland erneut zu einer Kriegsgefahr für die Welt werden.[157] Unser höchstes Gut, unsere existentielle Versicherung, ist die Atlantische Allianz. Es gilt alles das zu vermeiden, was die Amerikaner über unsere feste Verwurzelung im westlichen Lager irgendwie in Zweifel versetzen könnte. Die Berechenbarkeit unserer Politik ist unerläßlich. „Wir sind keine Wanderer zwischen Ost und West."[158] Kritik an unserem Bündnispartner verärgert die Amerikaner und geht darum zu Lasten unserer Sicherheit und damit unserer Freiheit. Kritik ist ein Luxus, den wir uns nicht leisten können.[159]

157 „Eine schwankende Position ist für die Bundesrepublik Deutschland — geopolitisch mitten in Europa — lebensgefährlich." Helmut Kohl: Regierungserklärung vom 13. Oktober 1982, Plenarprotokoll 9/121, S. 7220. — Schon 1967 hat sich Henry Kissinger gesorgt, „die Bundesrepublik könne durch eine alle Seiten verunsichernde Schaukelpolitik zwischen West und Ost wie in den Zeiten Wilhelms II. zu einer Friedensgefahr für die Welt werden". Interne Studie des Auswärtigen Amtes, *Der Spiegel,* Nr. 4, 25. Januar 1982, S. 23

158 Helmut Kohl: Regierungserklärung vom 4. 5. 1983, Plenarprotokoll 10/4, S. 67

159 „Schließlich gilt es, den Kritikern der USA immer wieder verständlich zu machen, wie gefährlich es ist, den Irritationen gegenüber Amerika und den Amerikanern ungehemmt Lauf zu lassen oder sie gar öffentlich zu fördern. Solches zu tun, mag manchen als ein politischer Luxus erscheinen, den man sich leisten kann. In Wahrheit aber fordert das einen hohen Preis zu Lasten unserer Sicher-

Aber das reicht nicht aus. Vertrauen ist ein zu flüchtiges Gut. Die Bindung der USA an Deutschland war neu zu gründen, eine dauerhafte materielle Grundlage war zu schaffen. Die Amerikaner haben uns ihre neuen Mittelstreckenraketen angeboten. Wir mußten nur den richtigen Gebrauch davon machen. Wenn es uns gelänge, daß die USA ihre Raketen in unserem Land auch wirklich aufbauen würden, dann hätten wir schon eine gute materielle Versicherung, daß die Amerikaner für absehbare Zeit auch wirklich bei uns bleiben würden. Zur Landstationierung gab es keine Alternative. Sie ist die materielle Klammer, die Amerikas Interessen für lange Zeit an Deutschland bindet. Welche Ziele die USA mit der Nachrüstung auch verfolgen mochten, das war für uns nicht entscheidend. Die militärische Bedeutung dieser Waffen hat uns nie sonderlich interessiert. Sie hat mich zumindest eher beunruhigt. Unser Bundesaußenminister hat ganz richtig bemerkt, daß die Stationierung von Pershing-II-Raketen politisch auch dann nötig sei, wenn sie militärisch uninteressant werden sollte.[160] Man mußte den Amerikanern natürlich auch eigene Interessen an der Sache zugestehen. Diese konnten wir ihnen nicht diktieren. Und wenn sie mit der Stationierung keine militärischen Überlegungen hätten verbinden können, dann wären sie zu dem Aufwand wohl kaum bereit gewesen. Je stärker und langfristiger die militärischen Ziele der USA an der Nachrüstung wären, um so dauerhafter müßte die Bindung an unser Land sein. Für uns ging es darum, einen maximalen politischen Nutzen aus der Stationierung zu ziehen. Es war die Entscheidung für den Fortbestand der transatlantischen Beziehung auch in den letzten Jahren dieses Jahrhunderts. Für die dauerhafte Bindung der USA an die Bundesrepublik war die Erfüllung der im Dezember be-

heit und damit unserer Freiheit.“ Berndt von Staden: Deutsche und Amerikaner — Irritationen, *Außenpolitik, Zeitschrift für internationale Fragen,* Erstes Quartal, 1984, S. 51

160 „(...) auch wenn eine lineare prozentuale Verringerung des Nachrüstungsbedarfs bei einer Zwischenlösung die Stationierung von Pershing-II-Raketen militärisch uninteressant machen sollte, sei wegen der politischen Bedeutung dieser Waffe die Aufstellung zumindest einiger solcher Raketen nötig.“ *Frankfurter Allgemeine Zeitung,* Nr. 195, 24. August 1983, S. 2

schlossenen Maßnahmen unerläßlich.[161] Der Vollzug der Nachrüstung konnte darum nie grundsätzlich in Frage gestellt werden. Die Ernsthaftigkeit des Willens zur Durchführung der Stationierungsentscheidung konnte nur durch ihre Durchführung selbst unterstrichen werden.[162]

Unsere Sorge war, daß die Amerikaner ihre Überlegungen wahr machen könnten, die Raketen auf U-Booten zu stationieren. Auch Henry Kissinger hat diese Drohung ausgesprochen: „Wenn wir Mittelstreckenraketen für einen amerikanischen Konflikt mit den Sowjets wollen, dann können wir die besser auf See stationieren. Für amerikanische Zwecke brauchen wir sie nicht nach Europa zu schleppen."[163] Aber für *unsere* Zwecke brauchten wir sie sehr wohl in Europa. Denn nur mit der Landstationierung würde die politische Verklammerung auch ein materielles Fundament erhalten. U-Boote sind dafür untauglich. Sie sind zu beweglich — aber diesen schlichten Zusammenhang werden Rudolf Augstein und Otto Schily wohl nicht begreifen.[164] Seegestützte Mittelstreckenwaffen sind

161 „Wir beschließen morgen, meine Damen und Herren, über den Beginn der Nachrüstung. Wir entscheiden damit zugleich über den Fortbestand der Nato, der Grundlage unserer freiheitlichen Existenz im geteilten Europa." Alfred Dregger am 21. November 1983 im Deutschen Bundestag, Plenarprotokoll 10/35, S. 2346. — „Es geht darum, ob das Bündnis (...) *auch in den letzten Jahren dieses Jahrhunderts* seine Aufgabe erfüllen kann, Frieden und Freiheit zu sichern." Helmut Kohl, ebd., S. 2322 (Hervorhebung durch den Verfasser, H.D.). — „Für das deutsch-amerikanische Verhältnis hält es der langjährige Botschafter (d. i. Berndt von Staden) in den USA für unerläßlich, den Nato-Doppelbeschluß zu erfüllen." Hans-Dietrich Genscher, ebd., S. 2357

162 Hans-Dietrich Genscher bei der Nato-Frühjahrstagung im Mai 1979: „Ich würde es für falsch halten, wenn in unserem Kreise irgend jemand der Meinung wäre, es reiche aus, eine Entscheidung über Modernisierung (d. i. Nachrüstung, H.D.) zu treffen, und dann könne man in Ruhe über diese Option verhandeln. Die Ernsthaftigkeit des Willens zur Durchführung dieser Entscheidung kann nur durch ihre Durchführung selbst unterstrichen werden." *Die Welt,* Nr. 156, 7. Juli 1979, S. 5

163 Henry Kissinger: Wer nur Frieden will, der wird erobert, *Welt am Sonntag,* Nr. 2, 10. Januar 1982, S. 4

164 „Wenn wir dann noch hören, ‚vom strikt nationalen Standpunkt der USA' bestehe keine Notwendigkeit, Mittelstreckenwaffen auf europäischem Boden zu dislozieren, man könne sie ebensogut auf Schiffe tun, wie Kissinger meint: Nun, warum tut man sie dann nicht auf Schiffe?" Rudolf Augstein: Der vielleicht

überdies gleichsam unsichtbar; sowohl ihre Anzahl wie ihre räumliche Verteilung würden sich unserer Kontrolle entziehen. Daß unter militärischen Gesichtspunkten seegestützte Waffen angeblich noch keine hinreichende Treffgenauigkeit besitzen, stellte für uns einfach eine gewisse Absicherung für die Landstationierung dar.

Ein solides Fundament für die Glaubwürdigkeit der strategischen Nukleargarantie der USA für Westeuropa konnte nur mit der Landstationierung geschaffen werden. Wenn die Amerikaner ihre Mittelstreckenwaffen nach Europa bringen würden, so stellten sie damit erneut die Verklammerung ihres strategischen Nuklearpotentials mit den eurostrategischen Waffen her. Die Landstationierung bietet uns Gewähr für die Bereitschaft und den Willen der Amerikaner, im Falle einer militärischen Auseinandersetzung Westeuropa mit ihren Interkontinentalraketen zu schützen. Unser Interesse galt weniger der militärischen Verwendbarkeit der Mittelstreckenwaffen als vielmehr der Verklammerung mit dem strategischen Nuklearpotential der USA. Unter diesem Gesichtspunkt allein waren die militärischen Eigenschaften der neuen Waffen zu bewerten. Das gilt auch für ihre Reichweite. Wenn diese Waffen, wie uns versichert wurde, in der Lage wären, Ziele in der Sowjetunion zu treffen, so würde jede militärische Auseinandersetzung die Möglichkeit einer Konfrontation der beiden Supermächte einschließen. Das kann die Abschreckung nur erhöhen.

Im Interesse einer optimalen Verklammerung mit dem nuklearstrategischen Potential der USA mußte die Anzahl der neuen Waffen begrenzt werden. Die Amerikaner können nur dann gezwungen werden, für den äußersten Fall auch den Einsatz ihrer Interkontinentalraketen vorzusehen, wenn die in Europa stationierten Atomwaffen kein effektives, kriegsentscheidendes Zerstörungspotential darstellen würden. In diesem Sinne ist das Festhalten an der ins Auge gefaßten Anzahl von 108 Abschußvorrichtungen für Pershing-II-Raketen zu verstehen. Die von General Sir John Hackett böswil-

nicht wünschenswerte Zufall, *Der Spiegel,* Nr. 16, 19. April 1982, S. 20. Otto Schily wiederholt am 21. November 1983 im Deutschen Bundestag die Frage von Augstein (Plenarprotokoll 10/35, S. 2367).

lig vorgebrachte Interpretation der Nachrüstung als einer nuklearstrategischen Abkoppelung der USA von Westeuropa ist auf das entschiedenste zurückzuweisen.[165]

Die Drohung mit dem möglichen Ersteinsatz von Atomwaffen durch die Nato konfrontiert den Warschauer Pakt mit dem Risiko, daß sich ein konventioneller Angriff auf Westeuropa zu einer nuklearstrategischen Auseinandersetzung ausweiten könnte. Das Szenarium des schnellen Einsatzes von Atomwaffen in einer noch frühen Phase der Kampfhandlung hindert den Warschauer Pakt daran, seine konventionelle Überlegenheit auszuspielen. Die von den Amerikanern neuerdings gewünschte Anhebung der Atomschwelle erhöht dagegen das Risiko einer konventionellen Auseinandersetzung in Europa und kommt der Abkoppelung der USA von Westeuropa entgegen. Um so mehr ist hervorzuheben, daß die Verwundbarkeit von landgestützten Mittelstreckenwaffen den Zwang zum frühzeitigen Einsatz erhöht und damit die Amerikaner daran hindert, ihr nuklearstrategisches Potential aus einer Konfrontation in Europa herauszuhalten.

Gewiß handelt es sich hier unter einem mehr menschlichen Gesichtspunkt um unangenehme Vorstellungen. Es gilt aber zu bedenken, daß diese Szenarien gerade der Kriegsverhütung dienen. Die Logik der Abschreckung erfordert den Entwurf des Undenkbaren, um es zu verhindern. Es ist eine unerbittliche, aber faszinierende Logik. Sie ist die Grundlage unseres Friedens.

Wir haben uns für Amerika, wir haben uns für den Westen entschieden. Aus unserer geschichtlichen und politischen Lage heraus müssen wir auf die Sicherheit der Abschreckung durch die strategische Nukleargarantie der USA vertrauen. Die amerikanische Kritik an der Nuklearstrategie der Nato gründet sich dagegen auf das Mißtrauen in die Sicherheit der Abschreckung. Wir Europäer müssen

165 „Kein amerikanischer Präsident wird die Zerstörung von Manhattan aufgrund einer Katastrophe hier in Europa riskieren. Die Stationierung von Mittelstreckensystemen bedeutet, daß kein amerikanischer Präsident mehr vor dieser Alternative steht." General Sir John Hackett: Interview, *Internationale Wehrrevue,* Nr. 2, Genf, 1984, S. 123 f.

davon ausgehen, daß kein Krieg ausbricht. Denn ein Krieg bedeutet das Ende Europas. Die Amerikaner aber denken über die Konsequenzen nach, die ein Angriff des Warschauer Paktes nach sich ziehen würde. Sie argumentieren damit, daß die Zusicherung, Westeuropa mit amerikanischen Atomwaffen zu verteidigen, Anfang der fünfziger Jahre noch von der überwältigenden strategisch-nuklearen Überlegenheit der Vereinigten Staaten über die Sowjetunion gestützt worden sei. Diese Einschätzung habe auch noch für die sechziger Jahre gegolten. Inzwischen sei durch die nuklearstrategische Parität der beiden Supermächte aber eine völlig neue Situation eingetreten. Die nuklearstrategische Garantie setze heute die Vereinigten Staaten bei einer militärischen Auseinandersetzung in Europa der Gefahr aus, mit dem Einsatz ihrer Interkontinentalwaffen die Zerstörung ihres eigenen Landes in Kauf nehmen zu müssen, da auf keinen Fall die gesamte sowjetische Zweitschlagskapazität ausgeschaltet werden könne. Daher könne die nuklearstrategische Garantie nicht weiter aufrecht erhalten werden. Mit dieser Drohung schockierte Henry Kissinger am 1. September 1979 in Brüssel die Nato-Europäer. Er warnte davor, daß die Verbündeten nicht ständig darum bitten sollten, „strategische Zusicherungen immer wieder zu wiederholen, die wir eigentlich nicht so meinen können oder, wenn wir sie so meinen, möglichst nicht einlösen sollten, weil wir, wenn wir sie einlösen, die Zerstörung der Zivilisation riskieren."[166] Der Gedankengang Kissingers war im Grunde Ausdruck eines Dilemmas, das de Gaulle schon zwanzig Jahre früher gesehen hat. Am 15. September 1959 sagte der französische Präsident, daß sich Europa nicht länger auf den amerikanischen Atomschirm verlassen könne, wenn die Sowjets mit ihren Raketen erst einmal die USA erreichen könnten.[167]

166 Henry Kissinger: Die nächsten dreißig Jahre Nato, Europa-Archiv, Folge 22, 1979, D 593. Vergleiche auch Henry Kissinger: Strategy and the Atlantic Alliance, *Survival,* The International Institute for Strategic Studies, London, Nr. 5, September/Oktober 1982, S. 194–200

167 George W. Ball: The Cosmic Bluff, *The New York Review of Books,* Nr. 12, 21. Juli 1983, S. 38

Dieses Dilemma lag auch der Argumentation derjenigen Kritiker zugrunde, die sich Kissinger anschlossen. 1982 wurde von McGeorge Bundy, George F. Kennan, Robert S. McNamara und Gerard Smith gemeinsam der nächste Schlag gegen die Nato-Strategie geführt. Die „Viererbande" forderte den Verzicht auf die Politik des Ersteinsatzes von Atomwaffen. Amerika könne nicht auf eine Handlungsweise verpflichtet werden, die seine eigene Verwüstung nach sich ziehen könnte.[168] Mögen diese Überlegungen auch einsichtig sein, so ist doch festzuhalten, daß der Verzicht auf einen nuklearen Ersteinsatz Westeuropa der konventionellen Überlegenheit des Warschauer Paktes aussetzt. Der Vorschlag der „Viererbande" heißt faktisch nichts anderes als die Aufkündigung der amerikanischen Nukleargarantie für Europa. Der Verzicht auf den Ersteinsatz ist ein Sprengsatz für den Zusammenhalt der Atlantischen Allianz.

Im Juli 1983 meldete sich auch George W. Ball zu Wort. Ball gehört zu jenen, die sich um den Zusammenhalt der Nato und die Verständigung zwischen Europa und Amerika große Verdienste erworben haben. Um so überraschender war sein Angriff. Der Artikel, den er in *The New York Review of Books* veröffentlichte, war im Grunde genommen eine üble Beschimpfung von uns Europäern. Die Strategie der flexiblen Antwort nennt Ball eine romantische Phantasie, die Nato-Strategie beruhe auf einer Illusion, die amerikanische Versicherung der strategischen Nukleargarantie sei zum bloßen Ritual geworden. Nach Balls Auffassung werde kein Präsident jemals den Einsatz von Atomwaffen bei einem Krieg in Europa erwägen. Indem die Europäer immer noch an den amerikanischen Atomschirm glaubten, verhielten sie sich wie jemand, der von einem fünfzigstöckigen Hochhaus fällt und beim zehnten Stock ausruft, daß alles in Ordnung sei.[169] Beunruhigend war, daß sich

168 „Es ist ohne Beispiel, daß eine Nation, und sei sie noch so mächtig, sich zur Verteidigung einer anderen Nation zu einer Handlungsweise verpflichtet, die ihre nukleare Verwüstung nach sich ziehen könnte." McGeorge Bundy u.a.: Kernwaffen und das Atlantische Bündnis, *Europa-Archiv,* Folge 7, 1982, S. 188 f.

169 „Nato's nuclear strategy is founded on illusion — with large component of self-

Ball wie auch wenig später McNamara ausdrücklich gegen die Verkoppelung der neuen Mittelstreckenwaffen mit dem Nuklearpotential der USA aussprach.[170] Ball plädierte wie früher schon Kissinger für seegestützte Atomwaffen.

Die Einwände, die gegen die Nato-Strategie vorgebracht wurden, sind unter amerikanischem Gesichtspunkt ohne Zweifel einsichtig. Für uns Europäer aber ging es gerade um die neue Absicherung der amerikanischen Nukleargarantie. Mit der Landstationierung von Pershing-II-Raketen, so unsere Überlegung, könnten wir die Amerikaner zur Einhaltung der Nukleargarantie gleichsam zwingen. Mögen sich die Amerikaner auch zieren, so muß sich doch in einer Krisensituation die Verkoppelung der eurostrategischen Waffen mit dem amerikanischen Nuklearpotential durch die materielle Anwesenheit der Raketen gleichsam von selbst einstellen. Die Möglichkeit der Eskalation wird die von den Amerikanern geäußerten Vorbehalte gegen die Einbeziehung ihrer Interkontinentalraketen zunichte machen. Daß die Sowjets wiederholt versichert haben, den Einsatz amerikanischer Waffen in Europa mit einem Vergeltungsschlag gegen die USA selbst beantworten zu wollen, kann unser Kalkül nur unterstützen.

In der Debatte um die Nato-Strategie wird meist übersehen, daß es für uns Europäer nicht allein um militärstrategische Probleme geht. Es ist zwar gewiß verdienstvoll, wenn Klaus-Peter Stratmann, ein deutscher Vordenker der Nuklearstrategie, den Versuch unternimmt, ein subtiles militärstrategisches Szenarium für den rationalen Einsatz von Mittelstreckenwaffen in Europa zu entwickeln, um

deception: the dubious hope that America's nuclear threat will permanently deter the Soviet Union from attacking Western Europe with conventional forces. That threat — the pretense of a winning hand in a transcendental poker game — is becoming every day less persuasive." Und weiter: „Since the United States cannot realistically guarantee to Europeans that, after a limited effort of conventional combat, we would respond to a Soviet advance with strategic-nuclear weapons, our constant reassurances have become more ritualistic than valid." George W. Ball: The Cosmic Bluff, *The New York Review of Books,* Nr. 12, 21. Juli 1983, S. 37 f.

170 Ebd., S. 39 f. — Robert S. McNamara: The Military Role of Nuclear Weapons, *Foreign Affairs,* Nr. 1, Herbst 1983, S. 59–80

damit die in militärischer Hinsicht unverkennbar irrationalen Elemente der Nukleardoktrin einzuhegen.[171] Jenseits aller Szenarien geht es aber um die schlichte Frage nach der existentiellen Verknüpfung Westeuropas mit seiner Schutzmacht. Wenn auf der einen Seite die Einwände der Kritiker richtig sind, daß die Nukleargarantie die Amerikaner mit dem Risiko der Verwüstung ihres eigenen Landes konfrontiert, so ist auf der anderen Seite hervorzuheben, daß die Vereinigten Staaten mit der Stationierung von Mittelstreckenwaffen ihr nationales Schicksal auf Leben und Tod mit dem unseren verknüpfen. Die Atlantische Allianz ist in diesem Sinne in der Tat eine Schicksalsgemeinschaft. Die strategische Nukleargarantie der Vereinigten Staaten ist gleichsam die Seele dieser Schicksalsgemeinschaft. Jede Alternative zur gültigen Nato-Strategie scheitert letztlich daran, daß sie diese existentielle Verklammerung Westeuropas mit Amerika nicht garantieren kann.

Indem die amerikanischen Kritiker glauben, Probleme der Nato-Strategie auf ihre Weise lösen zu müssen, untergraben sie in Wirklichkeit die Glaubwürdigkeit der atomaren Abschreckung. Leute wie Kissinger, Ball oder McNamara schaden der Allianz, indem sie die Diskussion in die Öffentlichkeit tragen. Eine Zeitschrift wie *The New York Review of Books* ist gewiß nicht der geeignete Ort, an dem die Debatte um die Nuklearstrategie der Allianz ausgetragen werden sollte. Unsere Devise lautet: Kritik ignorieren, und wenn nötig, auf die von der amerikanischen Regierung wiederholt abgegebenen Versicherungen der Nukleargarantie verweisen. Wenn von unserer Seite heute auch nur andeutungsweise die amerikanischen Einwände gegen die Nato-Strategie bestätigt würden, so wäre damit das sichere Ende der strategischen Nukleargarantie gekommen. Mögen der gültigen Verteidigungsstrategie auch chimärenhafte Züge zu eigen sein, so garantiert sie doch unsere Sicherheit, wenn wir

171 Klaus-Peter Stratmann: Modernisierung und Dislozierung nuklearer Waffen in Europa, Mögliche Folgen vereinbarter Beschränkungen bei der Stabilisierung der Abschreckung, in: Uwe Nerlich (Hrsg.): Die Einhegung sowjetischer Macht, Baden-Baden: Nomos 1982, S. 421–453, besonders S. 437

nur die aufbrechende Irrationalität standhaft ignorieren. Die Wahrheit schadet gleichsam unserer Sicherheit.

Für uns geht es letztlich nur darum, unser Land in die nationalen Interessen der USA einzubinden. Wenn unser Land zu einem festen und unverzichtbaren Bestandteil der langfristigen amerikanischen Globalstrategie wird, kann uns nichts mehr zustoßen. Dann wäre das strategische Kalkül von neuem geschmiedet.

Aber die Nachrüstung enthielt Unwägbarkeiten. Die Verhandlungen zwischen der Sowjetunion und den USA liefen noch. Auch wenn diese Gespräche ursprünglich dafür vorgesehen waren, die Vereinigten Staaten diplomatisch und psychologisch an Westeuropa anzubinden und den öffentlichen Protest in Grenzen zu halten, so konnte ein Kompromiß doch nicht ganz ausgeschlossen werden. Durch die enge Abstimmung mit der US-Administration hatten wir allerdings eine gewisse Kontrollmöglichkeit, um unliebsame Verhandlungsergebnisse zu verhindern. Es war nur die Wiederholung des alten Schachzuges von Adenauer.[172]

Noch im Frühjahr 1982 gelang uns ein wichtiger Schritt. Am 15. April konnte endlich das „Wartime Host Nation Support“-Abkommen mit den USA unterzeichnet werden. Die Amerikaner haben sich damit verpflichtet, im Falle einer Krise oder eines Krieges ihre in der Bundesrepublik stationierten vier Divisionen und dazugehörigen fliegenden Staffeln innerhalb von zehn Tagen mit weiteren

172 Aus der Logik der Situation konnten wir an einer Vereinbarung in Genf kein Interesse haben. In Washington gab es sowohl Gegner wie Befürworter einer Vereinbarung. Als sich abzeichnete, daß der von amerikanischer Seite inoffiziell vorgebrachte Vorschlag „572 gegen 572“ die Chance auf eine Kompromißlösung hätte, mußte die Bundesregierung eingreifen. So jedenfalls sieht es der sowjetische Chefunterhändler Juli Kwizinski. Im Januar 1984 schrieb er in der *New York Times:* „Then, on Nov. 15, while Mr. Nitze was negotiating, Bonn, with reference to Washington, leaked a modified version of the proposal — and rejected it. The West Germans ascribed authorship to the Soviet side and claimed that the Moscow had abandoned its stance on the British and French missiles. This was a dishonorable act, and the Soviet side had no alternative but to restore the truth. Mr. Nitze was told what we thought of such practices.“ Yuli Kvitsinsky: Soviet View of Geneva, *New York Times*, Nr. 45 921, 12. Januar 1984, S. A 31. Die Behauptung Kwizinskis wurde sowohl von deutscher wie von amerikanischer Seite dementiert.

sechs Divisionen zu verstärken.[173] Für diesen Fall werden umfangreiche Vorräte an Material und Munition angelegt. Die Bundesregierung ihrerseits hat sich dazu bereit erklärt, umfangreiche militärische und zivile Unterstützungsleistungen für die Wartung des eingelagerten Materials und für die Verstärkung der US-Streitkräfte zu erbringen. Der Vertragstext stellt keine Verbindung zu militärischen Aktivitäten der USA außerhalb der Bundesrepublik her. Es war nicht unsere Absicht, den Amerikanern mit unseren Unterstützungsleistungen den Abzug von Truppen und Material zur Verstärkung ihrer „Schnellen Eingreiftruppe" für den Einsatz im Nahen Osten zu erleichtern. Der Vertrag ist auf die Bundesrepublik begrenzt. Aber wir können die Amerikaner auch nicht an Überlegungen hindern, wie sie die „Schnelle Eingreiftruppe" mit militärischen Einheiten und Munition bei einem Krisenfall im Persischen Golf verstärken könnten. Europa liegt natürlich näher als Amerika. Weder können wir solche Transporte kontrollieren noch irgendwie unterbinden. Das ist die militärische Seite der Sache.[174] Den *politischen* Nutzen werden wir gerade daraus ziehen, daß wir nicht auf einer strengen Trennung des „Wartime Host Nation Support"-Abkommens und der „Schnellen Eingreiftruppe" bestehen. Damit bieten wir den Amerikanern die Möglichkeit, unser Land im Rahmen

173 Abkommen zwischen der Regierung der Bundesrepublik Deutschland und der Regierung der Vereinigten Staaten von Amerika über Unterstützung durch den Aufnahmestaat in Krise oder Krieg, *Bundesgesetzblatt* 1982 II, S. 450–459. Vergleiche dazu Linda P. Brady und Dieter Fleck: Transatlantische militärische Zusammenarbeit in Krisenzeiten, *Europa-Archiv,* Folge 19, 1983, S. 581–588

174 Die Zuführung der für den Golf vorgesehenen amerikanischen Truppen ist mit einem erheblichen Zeitaufwand verbunden. Im Falle einer Vorwarnung von fünf Tagen könnte eine Jagdstaffel der Air Force und ein Bataillon Fallschirmjäger innerhalb von 48 Stunden im Raum aufscheinen. Nach einer Woche könnten die Kräfte um zwei weitere Bataillone Luftlandetruppen mit einem Brigadekommando auf 3000 Mann verstärkt werden. Um zwei weitere Brigaden der 82nd Airborne Division von Fort Bragg in den CENTOM-Bereich zu verlegen, werden zwei bis drei Wochen benötigt. Der Antransport der 24. Infanteriedivision mit Panzern und Schützenpanzern von Fort Stewart, Georgia, würde im Seetransport mehr als einen Monat dauern. (Angaben nach *Österreichische Militärische Zeitschrift,* Heft 4, Juli/August 1984, S. 365 f.)

ihrer globalstrategischen Planung zu berücksichtigen. Den Schutz der Ölfelder erhalten wir natürlich nicht ganz umsonst.

Vier Monate nach dem Abschluß des „Wartime Host Nation Support"-Abkommens gelang uns ein zweiter Wurf. Im August 1982 wurde in Washington die schon erwähnte deutsch-amerikanische Studie von Heeresinspekteur Meinhard Glanz für die deutsche Seite und von Heeresstabschef General Edward C. Meyer für die amerikanische Seite unterzeichnet.[175] Für die deutsche Verhandlungsdelegation war es ein großer Wurf deshalb, weil wir mit den Amerikanern gemeinsam eine Analyse wirtschaftlicher und politischer Entwicklungen in den neunziger Jahren bezüglich der Auswirkungen auf die Nato-Staaten ausarbeiten durften. Diese Tatsache kann gar nicht hoch genug eingeschätzt werden.

Daß die Interessen zwischen den USA und Westeuropa in wirtschaftlicher und politischer Hinsicht in den kommenden Jahren eher auseinandergehen würden, haben wir schon festgestellt. Mit der Vereinbarung vom August 1982 aber haben wir es geschafft, daß gerade unsere berechtigten Interessen an Rohstoffen und Märkten sowie deren militärischer Schutz schriftlich fixiert wurden. Damit haben wir eine solide Grundlage für die wirtschaftliche Entwicklung in den neunziger Jahren und darüber hinaus gelegt. Der Zeitraum der Vereinbarung erstreckt sich bis zum Jahre 2015.[176] Und so konnten wir im Sommer 1982 einerseits auf eine erfolgreiche Runde von 33 Jahren in der Geschichte unseres Staates zurückblicken, und wir hatten andererseits die feste Gewißheit, einen

175 Der Text der Studie „Air Land Battle 2000" wurde in zwei der Friedensbewegung nahestehenden Zeitschriften veröffentlicht; englischer Text in *Mediatus*, Nr. 11, 11. November 1983, S. 8-10; deutsche Übersetzung in *Militärpolitik Dokumentation*, Heft 34/35, 1983, S. 74-93 (unvollständig, aber mit Anhang). — Die im Kapitel „Herausforderungen der Zukunft" zitierten Stellen aus der deutsch-amerikanischen Studie finden sich auf S. 74 – 77 der deutschen Übersetzung.

176 „Strategic deployment of national forces during the *timeframe of this concept (1995 × 2015)* would be based on a national political decision and could not be prevented by the enemy." Air Land Battle 2000, V.1.b.2. (Hervorhebung durch den Verfasser, H.D.)

wichtigen Beitrag zu einer tragfähigen Grundlage für die nächste Runde geleistet zu haben.

Die Vereinbarung hat auch militärische Aspekte. Diese haben nach ihrer Bekanntmachung durch einen übereifrigen Journalisten der Süddeutschen Zeitung im Sommer 1983 einige Aufregung verursacht.[177] Es wurde nicht ganz zu Unrecht behauptet, die Studie enthalte Elemente eines offensiven Kriegsführungskonzepts, das die Vorneverteidigung an der Grenze ablöse. Dazu ist jedoch zu sagen, daß es sich bei der deutsch-amerikanischen Studie nicht um einen verbindlichen Vertrag von der Art des „Wartime Host Nation Support"-Abkommens handelt. In welcher Weise die in der Studie entwickelten Vorstellungen zum Tragen kommen werden, hängt von vielen Faktoren ab. Eine Aussage darüber ist heute noch nicht möglich. Ferner ist zu bemerken, daß das Konzept der Vorneverteidigung, wörtlich genommen, schon immer ein abstraktes Postulat war. Militärische Operationen können eben nicht nach irgendwelchen auf der Karte gezogenen Linien eingerichtet werden. Bei nüchterner Beurteilung verliert die Sache erheblich von ihrer dramatischen Nuance.

Andere haben das in der Studie entwickelte Kriegsführungskonzept in einen Zusammenhang mit amerikanischen Vorstellungen über eine Strategie der „horizontalen Eskalation" gebracht. Danach könnten die USA bei einem Konflikt mit der Sowjetunion irgendwo in der Welt einen Gegenschlag in Zentraleuropa androhen. Die Strategie ist inzwischen von US-Verteidigungsminister Weinberger ausdrücklich widerrufen worden. Von unserer Seite aus sind allerdings Zweifel erlaubt, ob die USA der Versuchung widerstehen könnten, bei einem größeren Konflikt mit der Sowjetunion außerhalb Europas die nun einmal in Zentraleuropa stationierten Mittelstreckenwaffen nicht doch als Drohpotential zu aktivieren. Hier zählen natürlich weniger irgendwelche verbalen Versicherungen eines Verteidigungsministers als vielmehr Sachzwänge der amerikani-

177 Pressekommentare in: Militärpolitik Dokumentation, Heft 34/35, 1983, S. 94–110.

schen Globalstrategie und die ihr zur Verfügung stehenden Waffen. Die Furcht ist nicht ganz unbegründet, auf diese Weise in einen Konflikt in der Dritten Welt hineingezogen zu werden. Man muß hier aber auch die Position der Amerikaner einbeziehen. Sie haben 350 000 Mann mit teuren Installationen und aufwendigen Waffensystemen in Deutschland stehen. Sie investieren jährlich riesige Summen an einer Stelle, an der ein Krieg am unwahrscheinlichsten ist. Gleichzeitig fehlen Kräfte für den pazifischen Raum, für Südostasien und den Nahen Osten. Daß die Amerikaner eines Tages auch einmal darüber nachdenken würden, wie sie das „tote militärische Kapital" in der Bundesrepublik nutzen könnten, ist ja nur verständlich. Wir können den Amerikanern nicht vorschreiben, was sie zu tun haben. Wir können nur mit dem arbeiten, was sie aus ihrer eigenen Interessenlage heraus zu tun gewillt sind. In diesem Sinne darf man auch hier den politischen Gesichtspunkt nicht außer acht lassen. Daß die Amerikaner die bei uns stationierten Waffen in ihre Überlegungen einbeziehen können, verschafft uns die Sicherheit, daß unser Land in der nationalen Sicherheitspolitik der USA fest verankert ist. Wir bezahlen dafür gewiß einen hohen Preis, aber jede Alternative hat einen höheren Preis. Und wir hatten außerdem 37 Jahre Frieden in Europa. Wir vertrauen darauf, daß der Frieden auch weiterhin anhält.

Mit dem Abschluß des „Wartime Host Nation Support"-Abkommens und der Vereinbarung „Air Land Battle 2000" waren wir unserem Ziel ein beachtliches Stück nähergekommen. Jetzt stand nur noch der für Herbst 1983 geplante Vollzug des Nato-Doppelbeschlusses aus. Von ihm erhofften wir insbesondere, daß diese irritierende Diskussion in den USA über einen Rückzug aus Westeuropa endlich verstummen würde. Wir hatten auch keine Zeit mehr zu verlieren.

Deutsche Außenpolitik nach Jalta

Nichts ist so entscheidend, als genau den Standpunkt zu finden, von welchem die Dinge betrachtet werden müssen. Denn nur von *einem* Standpunkt aus erschließen sich die Einheit und der Sinn in der widersprüchlichen Komplexität der Erscheinungen.[178] Dieser Standpunkt kann nur der politische sein. Ihm haben sich alle militärischen und strategischen Fragen unterzuordnen. Jede andere Einstellung wird den Lehren aus den Ereignissen vom Juli 1914 nicht standhalten können.

Wir haben in diesem Sinne bei der Einschätzung und Bewertung der zur Frage stehenden Vorgänge den Primat der Politik immer streng eingehalten. Militärische Gesichtspunkte waren für uns ganz unerheblich. Das gilt insbesondere auch für die Vorgänge, die zur Vereinbarung „Air Land Battle 2000“ geführt haben. Wenn es überhaupt Gründe gibt, die gegen diese Vereinbarung ins Feld geführt werden können, dann sind sie militärischer Natur. Unter dem politischen Gesichtspunkt war die Unterschrift von Meinhard Glanz nicht nur unumgänglich, sondern ein großer Erfolg der deut-

178 „Es ist überhaupt nichts so wichtig im Leben, als genau den Standpunkt auszumitteln, aus welchem die Dinge aufgefaßt und beurteilt werden müssen, und an diesem festzuhalten; denn nur von *einem* Standpunkte aus können wir die Masse der Erscheinungen mit Einheit auffassen, und nur die Einheit des Standpunktes kann uns vor Widersprüchen sichern.“ Carl von Clausewitz: Vom Kriege, Frankfurt: Ullstein 1980, S. 676

schen Außenpolitik. Die Vorwürfe aus den Reihen der Kritiker, die mit Blick auf die Rolle des Kölner Heeresamtes beim Zustandekommen der deutsch-amerikanischen Vereinbarung einen Primat der Strategie entdeckt haben wollten, sind darum völlig haltlos. Es mag zwar zutreffen, daß der damalige Chef des Kölner Heeresamtes, Generalleutnant Horst Wenner, ein „technokratischer Militärhandwerker" ist.[179] Aber das ist unerheblich. Wenn der Primat der Politik gewahrt bleibt, können auch Militärhandwerker in der Armee keinen Schaden anrichten. Das Problem ist in Wirklichkeit verwickelter. Es hängt mit den Möglichkeiten unserer Außenpolitik zusammen. Die Kritiker haben zwar ein Problem getroffen, es aber nicht erkannt. Sie denken in Kategorien, die vielleicht gerade noch in der Weimarer Republik angemessen waren. Unter diesen Kategorien kann in der Tat der Eindruck entstehen, die Vereinbarungen über „Wartime Host Nation Support" und „Air Land Battle 2000" seien unter dem Primat der Strategie getroffen worden. Die Sache verhält sich aber gerade umgekehrt. Obwohl allein politische Gesichtspunkte maßgeblich waren, kann der Eindruck des Übergewichts strategischer Faktoren doch entstehen. Aus den geschichtlich-politischen Bedingungen unserer Handlungsmöglichkeiten ergibt es sich eben, daß die Militärs gleichsam zu Vordenkern der Politik werden. In den entscheidenden Fragen fallen politische und strategische Aspekte zusammen. Das ist das harte Diktat, das die Möglichkeiten deutscher Außenpolitik nach Jalta bestimmt.

Die Bundesrepublik verdankt die Bedingungen ihrer Entstehung dem strategischen Konflikt der beiden Großmächte.[180] Das Fundament ihrer Außenpolitik kann aus diesen Bedingungen heraus nur strategischer Natur sein: es ist die Zugehörigkeit zum Nordatlantischen Militärbündnis. Das ist deutsche Staatsräson. Darum auch stand mit der Entscheidung über die Nachrüstung die außenpolitische Orientierung auf dem Spiel. Es war in Wahrheit die Entschei-

179 *Süddeutsche Zeitung,* Nr. 190, 20. August 1983, S. 5
180 Vergleiche Waldemar Besson: Die Außenpolitik der Bundesrepublik, Erfahrungen und Maßstäbe, München: Piper 1970, S. 27 ff.

dung, wo der Standort unserer Bundesrepublik auch in Zukunft sein wird.[181]

In der Phase der friedlichen Koexistenz der Supermächte gewann die Außenpolitik an Spielraum. Die Entspannungspolitik erlaubte eine weitgehende Verbindung der westeuropäischen, der atlantischen und der ostpolitischen Orientierung. Die neue Konfrontation zwischen den beiden Supermächten hat unseren Spielraum empfindlich eingeschränkt. Ostpolitik mußte wieder auf das Fundament der transatlantischen Bindung gestellt werden. Erst mit dem Vollzug des Nato-Doppelbeschlusses waren neue Schritte in der Beziehung zur DDR möglich. Diese Erkenntnis war natürlich auch der politischen Führung der DDR bekannt.

Unser Verhältnis zum Ost-West-Konflikt ist ambivalent. Unter der Entspannung zwischen den beiden Supermächten gewinnen wir an Eigenständigkeit. Aus dem Ost-West-Konflikt erwächst uns Schaden. Zugleich aber, und darin liegt das Widersprüchliche unserer Situation, sind wir darauf angewiesen, daß Europa und besonders die Bundesrepublik im Zentrum der Konfrontation zwischen den beiden Vormächten steht. Denn in Zeiten internationaler Spannungen erhalten nur jene Staaten Gewicht, die als Parteigänger in der Strategie der Supermächte unverzichtbar sind. Die frühe Bundesrepublik gewann unter Adenauer aus genau dieser Konstellation heraus in kurzer Zeit eine beachtliche internationale Anerkennung. Natürlich war damals das Gewicht unseres Staates im Vergleich zu den siebziger Jahren noch recht gering. Aber das ist nicht eigentlich ausschlaggebend. Entscheidend ist die Frage, ob das politische Ge-

181 „Fundament deutscher Außen- und Sicherheitspolitik sind das Nordatlantische Bündnis und die Freundschaft und Partnerschaft mit den Vereinigten Staaten." Helmut Kohl: Regierungserklärung vom 13. Oktober 1982, Plenarprotokoll 9/121, S. 7220. — „(...) in diesem Sinne ist die heute und morgen zu treffende Entscheidung eine Grundsatzentscheidung über die Orientierung der deutschen Außen- und Sicherheitspolitik. (Zustimmung bei der CDU/CSU) Worüber wir heute und morgen entscheiden, ist in Wahrheit die Entscheidung, wo der Standort unserer Bundesrepublik auch in Zukunft sein wird (...). (Beifall bei der FDP und der CDU/CSU)" Hans-Dietrich Genscher in der Bundestagsdebatte um die Nachrüstung am 21. November 1983, Plenarprotokoll 10/35, S. 2358

wicht eines Staates im Zunehmen oder im Abnehmen begriffen ist. Und unter Adenauer war es eben offensichtlich, daß die Bedeutung der Bundesrepublik nur wachsen konnte. Das war die eigentliche Voraussetzung für die erstaunlich souveräne Politik Adenauers den Alliierten gegenüber. Heute sind wir der Drohung ausgesetzt, trotz der Spannungen zwischen den Supermächten an Gewicht zu verlieren. Der Ost-West-Konflikt verliert zunehmend seine traditionelle europäische Orientierung. In der Sicht der USA und der Sowjetunion verlagert sich der Brennpunkt der hegemonialen Konfrontation zunehmend in den pazifischen Raum.[182] Uns erwächst daraus ein doppelter Schaden. Wir müssen die Nachteile des Ost-West-Konflikts in Kauf nehmen, aber zugleich geraten wir geopolitisch in eine mehr periphere Rolle. Es ist der Tendenz nach ein Prozeß, der gerade umgekehrt zur Entwicklung unseres Staates in den ersten Jahren nach seiner Gründung verläuft. Das war, wie mir scheint, die eigentliche Herausforderung, die wir in den vergangenen zwei Jahren zu beantworten hatten.

182 „What is also increasingly evident is that the Pacific, and, in particular, its East Asian environment, has the capacity to change the character of the East-West conflict from its all too familiar European manifestation." Peter Polomka: The Security of the Western Pacific, The Price of Burden Sharing, *Survival,* The International Institute for Strategic Studies, London, Nr. 1, Januar/Februar 1984, S. 4

Die Moral und der realpolitische Instinkt

Es zeugt von einer ganz oberflächlichen Betrachtungsweise, wenn einige Leute behauptet haben, das Parlament habe sich im November 1983 mit dem Votum für den Nato-Doppelbeschluß in Widerspruch zur Mehrheit des Volkes gesetzt. Die Entscheidungsträger haben natürlich im Interesse der Bevölkerung gehandelt. Hätte es sich nur um die Frage gehandelt, ob wir mehr Waffen haben wollten, so wäre keinem von uns die Entscheidung schwergefallen. Aber es ging natürlich um die politischen Konsequenzen. Und da kann es gar keinen Zweifel über Mehrheiten in der Bevölkerung geben. Es handelte sich ganz einfach darum, ob wir die politische Stabilität unserer Gesellschaft und das Wachstum unserer Wirtschaft auch für die Zukunft sichern wollen oder ob wir das alles in Frage stellen wollen.

Die Bevölkerung hat sich den Aufregungen der öffentlichen Meinung gegenüber einen gesunden Instinkt für das politisch Machbare und das geschichtlich Unumgängliche bewahrt. Am 6. März 1983 hat sie für das Wirtschaftswachstum *und* für die Nachrüstung votiert. Auch das hat Tradition. Anfang der fünfziger Jahre gab es eine breite Mehrheit gegen die Remilitarisierung. Aber bei den Bundestagswahlen vom 6. September 1953 haben die Regierungsparteien mit Konrad Adenauer die absolute Mehrheit erhalten. Eine Politik auch der besten Absichten ist gegen den realpolitischen Instinkt der Bevölkerung in unserem Staat eben nicht möglich.

Etwas ganz anderes ist die kollektiv bewußtere Schicht der Meinungen, der Wünsche und der guten Absichten. Die Deutschen haben eine große Sympathie für das Ideale, die Moral, das eigentlich Wünschenswerte — wer von uns möchte denn nicht auch ein richtig guter Mensch sein! Aber die Deutschen denken zugleich von Grund auf unpolitisch. In der Schicht der Meinungen sind eben auch die Täuschungen und Illusionen versammelt. Und oft genug steht der realpolitische Instinkt im Widerspruch zu den Wünschen und Illusionen. Die Aufgabe der politischen Rhetorik besteht darin, auf der Ebene der Meinungen und der guten Moral eine Rechtfertigung für das zu schaffen, was die unerfreuliche Notwendigkeit gebietet. Mit dem realpolitischen Instinkt kann man arbeiten, seine wahren Motive aber darf man nicht aussprechen. Das ist die Voraussetzung des Erfolgs. Wer die politischen Illusionen mit den in der Bevölkerung real wirksamen Motiven widerlegen wollte, würde mit Entzug der Anerkennung bestraft.

Wer der deutschen Moral schmeicheln wollte, der mußte dann eben auch gegen die Raketen sein. Die Gewerkschaften haben es vorgemacht: sie kämpfen für die 35-Stunden-Woche und sind natürlich auch gegen die Nachrüstung. Und die Gewerkschaftsführung wird sich davor hüten, ihre Mitglieder auf die schlichte Tatsache aufmerksam zu machen, daß die Verkürzung der Arbeitszeit eine wirtschaftliche Entwicklung voraussetzt, die nur im Schutz der amerikanischen Militärmacht gedeihen kann. Daß diese Schutzgarantie aber nur mit der Nachrüstung zu haben war, kann der Gewerkschaftsführung nicht verborgen geblieben sein.

Die Friedensbewegung

Die Stabilität des politischen Systems beruht zu einem guten Teil darauf, daß manches nicht ausgesprochen wird. Dazu gehören insbesondere die außenpolitischen Bedingungen unseres Staates. Ihre schonungslose Darlegung könnte nicht nur eine erfolgreiche Außenpolitik gefährden, sondern würde auch in der Bevölkerung unnötige Unruhe erzeugen. Das galt auch für den Nato-Doppelbeschluß. Es gab keinen Anlaß, den außenpolitischen Kern dieser Entscheidung allzusehr in den Vordergrund zu rücken. Es reichte völlig aus, auf die sowjetische Aufrüstung mit den SS-20-Raketen aufmerksam zu machen. Der latente Antikommunismus in der Bevölkerung bot für den Erfolg dieser Argumentation eine hervorragende Voraussetzung.

Die Argumentationslinie war ja auch insofern richtig, als zumindest für die deutsche Seite die Entstehung des Nato-Doppelbeschlusses tatsächlich mit der SS-20 verknüpft war. Für Helmut Schmidt ging es aber nicht um ein militärisches Problem, sondern um die Gefahr der politischen Neutralisierung Westeuropas durch den Aufbau des sowjetischen Machtpotentials. Militärische Kategorien waren allein für die Amerikaner maßgeblich. Aber die Amerikaner haben sich wiederum nicht für die SS-20-Raketen, sondern allenfalls für neue Kriegsführungsoptionen interessiert.[183] Die So-

183 „Gemessen am bisherigen Stand der aufgestellten SS-4 und SS-5 dürfte die Modernisierung der sowjetischen Mittelstreckenraketen durch die SS-20 den Grad

wjets ihrerseits haben mit der fortgesetzten Stationierung der SS-20-Raketen unsere Argumentationslinie gestützt. Sie haben den Amboß bereitgestellt, auf dem wir unsere außenpolitische Grundsatzentscheidung schmieden konnten.[184] — Auch das war eigentlich nur eine Wiederholung jener Konstellation des Jahres 1950, als Konrad Adenauer den Koreaschock in meisterhafter Weise zur Remilitarisierung nutzte.[185] — Sicher wäre allein schon die Reduzierung der sowjetischen Nuklearwaffen auf die Zahl der französischen und britischen Systeme sehr zu begrüßen gewesen. Hätten die Sowjets die entsprechenden Angebote aber vor dem November 1983 in die Tat umgesetzt, wäre unsere ganze Argumentationslinie zusammengebrochen.

Die Friedensbewegung hat etwas von dieser Konstellation erkannt. Mit militärwissenschaftlicher Akribie hat sie die strategischen Überlegungen der Amerikaner erforscht. Die Strategie der „horizontalen Eskalation", die angebliche Erstbenutzungsfähigkeit der Pershing-II-Raketen und die neuen amerikanischen Kriegsführungsoptionen wurden herausgearbeitet. Insbesondere wurde entdeckt, daß die amerikanischen Militärs mit der sowjetischen SS-20 wenig im Sinn hatten. Es war einer der Erfolge, die, wie Lenin einmal sagte, zu Kopf steigen. Aus dem erkannten Widerspruch zu un-

der Bedrohung für die Nato *nicht* wesentlich erhöhen." Memorandum des US-Außenministeriums vom 27. September 1978, zitiert nach *Der Spiegel,* Nr. 47, 21. November 1983, S. 129. — „All the targets at which the newly installed weapons will be aimed can in fact be covered by existing weapons, including submarine- and airbased missiles." George W. Ball: The Cosmic Bluff, *The New York Review of Books,* Nr. 12, 21. Juli 1983, S. 39. — Man muß auch bedenken, daß die im Nato-Doppelbeschluß vorgesehenen 572 Sprengköpfe weniger sind als das, was allein zwei Trident-U-Boote mitführen.

184 „Noch heute operiert man in Moskau mit dem Argument, daß beim nuklearen Mittelstreckenpotential Gleichgewicht bestehe, obwohl dies schon 1977 behauptet und damals vom Westen bestritten worden war und obwohl seitdem im Durchschnitt jede Woche auf sowjetischer Seite eine SS-20 mit drei Sprengköpfen aufgestellt oder produziert wird, während auf westlicher Seite ein praktisches Moratorium herrscht." Gerold von Braunmühl (Leiter der Unterabteilung Ost-West-Fragen im Auswärtigen Amt): Das Verhältnis zwischen West und Ost in Europa im Jahre 1983, *Europa-Archiv,* Folge 11, 1983, S. 329

185 Siehe Rolf Steininger: Deutsche Geschichte 1945 – 1961, Zweiter Band, Frankfurt: Fischer 1983, S. 393

serer Argumentationslinie schloß die Friedensbewegung, daß die Bundesregierung die Tatsachen verfälscht darstellen würde. Die gelegentlich etwas widersprüchlichen Aussagen von Regierungsvertretern und amerikanischen Militärs mußten die Friedensbewegung in dieser Gewißheit bestärken. Die Friedensbewegung hat darin eine Bestätigung ihrer schon vom Ansatz her schiefen Interpretation der Nachrüstung gesehen. Sie meinte, die Aussagen der Bundesregierung mit Zitaten aus amerikanischen Militärzeitschriften widerlegen zu müssen. Sie ging dabei von der Annahme aus, daß Äußerungen von irgendwelchen Offizieren der amerikanischen Armee die geheimen Ziele der US-Administration enthüllen würden. Sie ging davon aus, daß alle Befürworter der Nachrüstung *dieselben* Gründe hätten. Sie unterstellte der Bundesregierung dasselbe Denken wie den amerikanischen Militärs. Die schiefe Interpretation der Nachrüstung hat die Friedensbewegung als politische Kraft letztlich ungefährlich gemacht.

Die Bundesregierung wurde vom sogenannten antiimperialistischen Lager in der Friedensbewegung als Komplize und vom nationalen Lager als Opfer der USA erkannt. Die einen meinten, es sollte von neuem gegen den Osten gehen, die anderen brachten, wie zum Beispiel Pastor Heinrich Albertz, das Schlagwort vom „besetzten Land“ auf. Alle dachten militärisch und waren darum blind für den politischen Charakter des Nato-Doppelbeschlusses. Wir sind aber weder Komplizen noch Opfer, wir haben uns nur für die nationalen Interessen eingesetzt.

Weil die Raketen gegen den Osten gerichtet werden sollten, wurde uns die willentliche Bedrohung der osteuropäischen Völker vorgeworfen. Aber ich glaube, daß niemand von uns solche Absichten hatte. Für die deutsche Seite war allein entscheidend, daß die Raketen überhaupt aufgestellt würden. Viele von uns hätten es sicher vorgezogen, wenn die Raketen auf den Nordpol gerichtet worden wären. Aber die Zielplanung ist Sache der Amerikaner. Aus dieser Lage heraus haben wir auch Verständnis für die DDR-Führung. Auch diese wird kein Interesse haben, daß die neuen SS-21-Raketen ausgerechnet auf uns gerichtet werden.

Es war eine geisterhafte Debatte. Im Protest der Friedensbewegung verschmolz in eigenartiger Weise die militärwissenschaftliche Analyse mit einer rigiden gesinnungsethischen Moral. Frau Kelly wußte diese Mischung geradezu meisterhaft zu handhaben.[186] Die Waffenkritik und die Moral wurden mit juristischen Forderungen ergänzt. Eine völkerrechtliche Vereinbarung über eine atomwaffenfreie Zone, ein Volksentscheid zur Nachrüstung und gar ein Friedensvertrag für Deutschland wurden verlangt. Aber das alles war natürlich nicht ernstzunehmen. Verträge haben allein die Aufgabe, die politischen Verhältnisse auf der rechtlichen Ebene zu fixieren. Der Friedensvertrag wäre kein angemessener Ausdruck der politischen Verhältnisse, der Nato-Vertrag ist es aber sehr wohl. Wir haben sogar allen Anlaß, einen Friedensvertrag ablehnen zu müssen. Aus Verhandlungen zwischen den Siegermächten über Deutschland könnte womöglich noch die Gefährdung des Status quo erwachsen.

In der Friedensbewegung vereinigte sich der Kampf gegen die Waffen des Westens mit der Liebe zum Absoluten und der Beschränkung aufs Rechtliche; hier versammelten sich der deutsche Krieger, der idealistische Philosoph und der bewährte Jurist. Nur der hat gefehlt, der die Dinge unter dem politischen Gesichtspunkt betrachtet hätte. In den Augen der Ausländer muß es eine sehr deutsche Versammlung gewesen sein.

Wenn man das beeindruckende Ausmaß des guten Willens und des idealistischen Engagements in der Friedensbewegung bedenkt, kommt man nicht umhin, ihr auch eine tragische Nuance zuzuschreiben. Es ist vielleicht eine Ironie der Geschichte, daß gerade die Friedensbewegung den Vollzug der Nachrüstung eigentlich gefördert hat. Die Bundesregierung mußte um so entschiedener auf der Ausführung des Nato-Doppelbeschlusses bestehen, je stärker die amerikanische Politik durch Proteste der Friedensbewegung über den künftigen Kurs Deutschlands verunsichert wurde.

186 Siehe zum Beispiel Frau Kellys Rede im Deutschen Bundestag vom 22. November 1983, Plenarprotokoll 10/35, S. 2520–2523

Die Lektion der Geschichte

Was wäre denn geschehen, wenn unvorhergesehene Umstände, innenpolitischer Art etwa, den Vollzug des Nato-Doppelbeschlusses verhindert hätten? Mit welchen Herausforderungen wäre die politische Führung der Bundesrepublik konfrontiert worden? Die Beschäftigung mit dieser Frage mochte ja eher wie eine Gedankenspielerei wirken, wie ein Herumschweifen im Reich des Undenkbaren. Doch schien es mir keine verlorene Zeit zu sein, zumal der Lauf der Geschichte auch überraschende Sprünge machen kann. Bemerkenswert ist immerhin, daß offensichtlich keiner der zahlreichen „Friedensfreunde" dieser Frage seine Aufmerksamkeit schenken mochte.

Keine Zweifel gab es über das Ziel, das wir mit der Nachrüstung erreichen mußten. Das Bündnis mit Amerika war neu zu festigen. Die drohende Gefahr, daß Amerika sich von Westeuropa abwenden könnte, galt es zu bannen. Die Antwort auf unsere Frage liegt nun genau in dem, was nicht geschehen durfte. Im Rückgriff auf die Analyse der deutsch-amerikanischen Beziehungen habe ich ein denkbares Szenarium zu skizzieren versucht.

Die Bundesregierung kündigt, aus welchen Gründen auch immer, den Nato-Doppelbeschluß auf. Dieser Schritt stößt in Washington auf eine gut vorbereitete Stimmungslage. Die Amerikaner verstehen diese Maßnahme als eindeutiges Signal für die beginnende Abwendung der Bundesrepublik von der Nato. Damit wird die künftige

Entwicklung der Atlantischen Allianz in Frage gestellt, ihre fortschreitende Auflösung ist wahrscheinlich. In den außen- und sicherheitspolitischen Institutionen der USA verstärkt sich die Diskussion über die Möglichkeiten einer langfristigen nationalen Sicherheitspolitik unter Ausschluß Westeuropas. Der Nahe Osten, Südostasien und der asiatisch-pazifische Raum erfahren in der strategischen Planung eine massive Aufwertung. Die für diese Regionen besonders geeignete „Schnelle Eingreiftruppe" wird ausgebaut, die Entwicklung der Weltraumrüstung wird beschleunigt. Wahrscheinlich ist der schrittweise Abzug der US-Truppen aus der Bundesrepublik.

Einige unangenehme Probleme tauchen auf. Die schon jetzt geübte amerikanische Zurückhaltung bei der Lieferung von fortgeschrittener Technologie an die Westeuropäer wird ausgeweitet.[187] Die handelspolitischen Auseinandersetzungen zwischen den USA und der Europäischen Gemeinschaft nehmen schärfere Formen an. An die Stelle der gemeinsamen Interessen treten auf verschiedenen Feldern zunehmend die konkurrierenden Interessen. Die Amerikaner sind immer weniger davon zu überzeugen, daß sie die Rohstoffzufuhr und die expansive Handelspolitik ihres größten Konkurrenten weltweit schützen sollen. Der sanfte Druck der amerikanischen Geschäftswelt sorgt dafür, daß bestimmte Produkte für die Bundesrepublik immer schwerer oder überhaupt nicht mehr erhältlich sind. Gleichzeitig weiten die Amerikaner die Einfuhrbeschränkungen für westeuropäische Produkte aus. Der Abstimmungsprozeß in verschiedenen internationalen Institutionen gerät unter den Druck der wachsenden Konfrontation. Amerikanische Banken können über Umschuldungsverhandlungen für Ostkredite den Zusammenbruch von deutschen Geldinstituten provozieren. Die Gebiete, auf

187 „Bemühungen der Vereinigten Staaten, Technologie militärisch zu entwickeln und dann einseitig zu kontrollieren, sind deutlich." Horst Ehmke: Überlegungen zur Selbstbehauptung Europas, Ein Diskussionspapier, *Politik, Aktuelle Informationen der SPD,* Nr. 1, Januar 1984, S. 17. Vergleiche auch Ulrich Steger: Gefährden wirtschaftliche Konflikte das westliche Bündnis? *Europa-Archiv,* Folge 24, 1982, S. 744

denen Schwierigkeiten auftreten, können ebenso zahlreich sein wie diejenigen, auf denen sich in den letzten fünfunddreißig Jahren eine intensive und vielfältige Zusammenarbeit entwickelt hat. Für unsere Wirtschaft, die wie kaum eine andere von Import und Export abhängt, können sich einschneidende Folgen einstellen. Ein massiver Einbruch der Produktion und des Volkseinkommens kann nicht ausgeschlossen werden. Dem auf der Wirtschaft ruhenden gesellschaftlichen Aufbau droht infolge einer solchen Krise möglicherweise der Einsturz. Politische Instabilität und wachsender Extremismus können sich ausbreiten. Die Deutschen werden plötzlich mit Problemen konfrontiert, über deren Lösung in den letzten dreißig Jahren kein einziger Mensch nachgedacht hat.

Welche Regierung wäre in der Lage, eine solche Entwicklung im Griff zu behalten? Welche Partei oder gesellschaftliche Institution wäre zur Formulierung von Lösungsansätzen fähig?

Die Aufkündigung des Nato-Doppelbeschlusses hätte vielleicht auch einen anderen Prozeß auslösen können. Die Folgen wären vielleicht harmloser, vielleicht aber auch unangenehmer gewesen. Das Ungewohnte in der Vorstellung einer solchen oder ähnlichen Entwicklung macht zumindest darauf aufmerksam, wie sehr die transatlantische Zusammenarbeit als Weltachse gleichsam unser ganzes politisches Denken beherrscht. Das gilt sicher nicht weniger für sogenannte „antiamerikanische“ Gruppierungen innerhalb der jungen Generation.

Als Ausweg aus einer ernsthaften Krise der Atlantischen Allianz bietet sich die verstärkte politische und militärische Zusammenarbeit der westeuropäischen Länder an. Die Europäische Gemeinschaft müßte dann genau jene Aufgabe übernehmen, die ihr Konrad Adenauer einst zugedacht hatte: sie wäre die Rückfallposition beim Abzug der US-Truppen. Ziel wäre die Entwicklung Europas zu einer dritten Weltmacht. Aber für den Erfolg eines solchen Versuchs spricht fast nichts.[188] Westeuropa ist weder in der Lage, eine

188 „Solange Europa nicht vereinigt und nicht zur dritten Weltmacht geworden ist — nichts spricht dafür, daß das einmal so sein wird —, solange ist das atoma-

hinreichend starke Flottenstreitmacht und die nötigen Stützpunkte zur weltweiten Sicherung der lebenswichtigen Verbindungswege aufzubauen, noch in der militärtechnologischen Entwicklung mit den USA Schritt zu halten.[189] Das gilt besonders für den Bereich der Weltraumrüstung und der satellitengestützten Aufklärung und Kommunikation.

Die Anforderungen an die Kooperationsbereitschaft der Westeuropäer wären enorm. Sie übersteigen zweifellos die Möglichkeiten des nationalegoistischen Systems der Europäischen Gemeinschaft. Wie sollte denn eine gemeinsame Sicherheitspolitik verwirklicht werden, wenn noch nicht einmal eine gemeinsame Agrarpolitik möglich ist?

Noch schwerwiegender ist die Frage, ob die bestehende westeuropäische Integration überhaupt den Zusammenbruch der transatlantischen Beziehung überdauern würde. Vom geschichtlichen Verlauf her hat sich die Europäische Gemeinschaft unter dem Schutz der atlantischen Integration gebildet und fortentwickelt. Ihre auseinanderstrebenden nationalegoistischen Kräfte konnten über die Jahre vielleicht nicht zuletzt vor dem Hintergrund der gemeinsamen Beziehungen zur amerikanischen Schutzmacht neutralisiert werden. Der Abzug Amerikas könnte den Desintegrationsprozeß der Europäischen Gemeinschaft vielleicht zum Stehen bringen, vielleicht aber auch erst recht beschleunigen. Nicht zuletzt ist auch die starke und traditionelle atlantische Orientierung von Frankreich und England für ein mögliches Szenarium zu berücksichtigen. Deutschland könnte am Ende allein dastehen.

Die Sowjetunion verfügt über fast alle für die deutsche Wirtschaft lebenswichtigen Rohstoffe. Der sowjetische Machtbereich

re Gleichgewicht der Weltmächte in Europa eine unverzichtbare Voraussetzung für die europäische Sicherheit, insbesondere für die nationale Sicherheit der Deutschen." Alfred Dregger im Deutschen Bundestag am 21. November 1983, Plenarprotokoll 10/35, S. 2352

189 Den Europäern „fehlen die Mittel zur weltweiten Sicherung der für sie lebenswichtigen Verbindungswege". Horst Ehmke: Überlegungen zur Selbstbehauptung Europas, Ein Diskussionspapier, *Politik, Aktuelle Informationen der SPD,* Nr. 1, Januar 1984, S. 5

bietet nicht nur einen entwicklungsfähigen Markt von der Elbe bis an den Pazifik, sondern ist auch auf deutsche Technologie für die Ausbeutung der Rohstoffvorkommen und die Entwicklung der Wirtschaft überhaupt angewiesen.[190]

Das Abrücken der USA von Deutschland würde zwangsläufig eine Annäherung an Osteuropa und die Sowjetunion nach sich ziehen. Das Übergewicht des sowjetischen Machtpotentials auf dem europäischen Kontinent würde mit dem Abbau des amerikanischen Gegengewichts fühlbarer. Die Sowjetunion versucht nach Einschätzung der meisten Analytiker, ihren Einfluß auf Westeuropa und insbesondere auf die Bundesrepublik zu erhöhen. Die politische Neutralisierung des westeuropäischen Halbkontinents verbessert nicht nur ihre globale Machtposition, sondern verschafft ihr auch den langfristigen Zugriff auf entwickelte Technologie. Ein Überfall auf Westeuropa ist unter diesen Gesichtspunkten eher unwahrscheinlich. Die Sowjetunion wäre kaum in der Lage, den zusätzlichen Aufwand für die Kontrolle von 300 Millionen Westeuropäern aufzubringen. Das westeuropäische Industriepotential würde entweder durch militärische Auseinandersetzungen gefährdet oder durch planwirtschaftliche Methoden langfristig stagnieren. Den größten Vorteil muß sich die Sowjetunion von der aktiven Finnlandisierung der Bundesrepublik und Westeuropas erwarten.[191]

Bei einer solchen Entwicklung würde die Bundesrepublik einem zweifachen Druck ausgesetzt werden. Mit dem wachsenden Austausch von Rohstoffen und Industriegütern würde die wirtschaftliche Abhängigkeit vom Osten zunehmen. Und zugleich würde die Bundesrepublik in den Machtschatten der Sowjetunion treiben.

190 „(. . .) die Sowjetunion könnte die (deutschen) Unternehmer mit Absatzmärkten locken, die von Osteuropa bis an den Pazifik reichen (einschließlich China) — Absatzmärkte, wie Deutschland sie im Westen nur sehr schwer gewinnen könnte." Charles Bohlen in einer Sitzung der leitenden Beamten des State Department am 1. April 1952, zitiert nach Rolf Steininger: Deutsche Geschichte 1945–1961, Zweiter Band, Frankfurt: Fischer 1983, S. 441

191 Vergleiche dazu auch Christian Krause (Brigadegeneral a. D.): Bedrohen uns die Russen? *Der Spiegel,* Nr. 17, 23. April 1984, S. 110 f.

Wir alle würden vor die fundamentale Frage gestellt: wie können wir gegen diesen Druck eine politische Unabhängigkeit entwickeln? Das ist eine Frage nicht allein an die politische Führung, sondern an die Bevölkerung. Mit der Lieferung lebenswichtiger Rohstoffe und der Abnahme von Industriegütern gewinnt die Sowjetunion im Verbund mit ihrem militärischen Potential ein Mittel, um deutsches Wohlverhalten zu erzwingen. Die Unabhängigkeit der politischen Führung der Bundesrepublik bemißt sich nach dem Grad der Bereitschaft in der Bevölkerung, auf Wohlstand zu verzichten. Nach meiner Auffassung sind wir Deutschen aber ziemlich genau das, wofür uns die Westalliierten immer gehalten haben, nämlich grundsätzlich korrumpierbar.

Die für das Verhältnis zur Sowjetunion entscheidende Frage ist also nur ganz am Rande militärischer Natur. Selbst eine schlagkräftige deutsche Armee könnte die politische Abhängigkeit von der Sowjetunion nur geringfügig verändern. Es ist für das militärische Denken der Friedensbewegung und der „Grünen" bezeichnend, daß das eigentlich politische Problem im Verhältnis zur Sowjetunion keine Beachtung gefunden hat. Der ganze Komplex von Fragen wurde auf das schlichte militärtechnische Problem reduziert, ob sich unser Staat mit Horst Afheldts Technokommandos gegen einen sowjetischen Angriff verteidigen könnte.[192]

Welcher von den zahllosen Gegnern der Nachrüstung hatte denn eine Antwort auf jene Fragen, die sich zwangsläufig hätten ergeben müssen, wenn die Bundesregierung das gemacht hätte, was gefordert wurde? Ich gewann den Eindruck, daß es auch nicht einen einzigen gab. Die politische Führung muß mit Rücksicht auf die Verantwortung der Bevölkerung gegenüber natürlich denjenigen Weg einschlagen, der aus der historischen Erfahrung und dem menschlichen Ermessen heraus die nationalen Interessen befriedigen kann. Sie kann nicht auf die schlichte Vermutung hin, etwas anderes sei vielleicht irgendwie besser, das deutsche Volk ins Unglück stürzen.

192 Vergleiche zum Beispiel Jürgen Maier: Grüne Friedenspolitik — wohin? *Grüne Blätter*, Die Grünen Baden-Württemberg, Nr. 28, Dezember 1983, S. 11 f.

Selbst wenn einige Ideen für einen anderen Weg ausgearbeitet worden wären, hätte das noch nicht ausgereicht. Denn es braucht auch eine genügende Zahl potentieller Entscheidungsträger, die mit ihrer Kompetenz und Anerkennung in der Bevölkerung das Vertrauen rechtfertigen können, daß sie zur erfolgreichen Realisierung eines neuen außenpolitischen Kurses überhaupt befähigt sind. Und es ist eben eine Tatsache, daß es in unserem Staat keine ernstzunehmende politische Gruppierung gibt, die sich auf einen anderen als den transatlantischen Kurs vorbereitet hätte.

Die Friedensbewegung verdankt einen guten Teil ihrer Naivität ihrer Geschichtslosigkeit. Sie könnte von der Situation am Ende der vierziger Jahre noch einiges lernen. Jakob Kaiser hatte damals sicher bessere Chancen als die Opposition heute. Die geschichtliche Situation war noch offener. Kaiser hatte immerhin eine politische Vision, wenn auch sein Konzept von Deutschland als Brücke und Vermittlung zwischen Ost und West recht diffus blieb. Aber warum sollte denn heute unter wesentlich ungünstigeren Voraussetzungen gelingen, was damals nicht einmal über gedankliche Ansätze hinauskam?

Das Ende der transatlantischen Partnerschaft könnte eine Dynamik entfesseln, die alle bisher angestellten Erörterungen noch einmal in Frage stellen würde. Unser Staat verdankt seine Stabilität nicht nur dem Erfolg unserer Volkswirtschaft, sondern auch der Kontinuität der politischen Ordnung in Europa. Er ist von seiner Entstehung her in das nach dem Krieg etablierte Hegemonialsystem der beiden europäischen Vormächte, der Sowjetunion und der USA, eingebettet. Unser Staat hat bis heute keine solche innere nationale Identität und Haltekraft entwickelt, die mit Frankreich oder England vergleichbar wäre. Die Stabilität unserer staatlichen Organisation wird also ganz wesentlich von politisch externen Faktoren garantiert.[193] Es steht darum in Frage, ob ein Rückzug der USA nicht zwangsläufig zu einem Zusammenbruch der politischen Struktur mindestens in Zentraleuropa führen müßte. Wenn eine

193 Siehe Zbigniew Brzezinski in Anmerkung 24

solche Entwicklung noch mit einer Krisensituation in Polen oder der Tschechoslowakei zusammenfallen würde, wäre die Präsenz des sowjetischen Militärpotentials keine ausreichende Garantie gegen die Einbeziehung Osteuropas in eine mitteleuropäische Dynamik von Krise und Katastrophe. Die Deutschen können aus eigener Kraft allein den Zustand der Teilung nicht aufrechterhalten. Zur Sicherung der Teilung Deutschlands brauchen wir den Rückhalt in der Allianz.[194]

An dieser Stelle mag eine Bemerkung zum Umgang mit der deutschen Frage angebracht sein. Mit Artikel 2 des Deutschlandvertrages vom Mai 1952 hat die Bundesrepublik die Wiedervereinigung und die friedensvertragliche Regelung ausdrücklich als Angelegenheiten der alliierten Mächte anerkannt.[195] Frankreich, Großbritannien und die Vereinigten Staaten erklärten ihrerseits mit Artikel 7 des Deutschlandvertrages ihre Solidarität mit der Bundesrepublik in der deutschen Frage.[196] Es kann nicht übersehen werden, daß diese Solidarität vor allem auch eine Kontrollfunktion hatte: sie verlegt jeder Versuchung, die deutsche Frage im Alleingang zu lösen, den Weg. Diese Regelung deckt sich ganz präzise mit dem Konsens der politischen Elite der Bundesrepublik. Im Viermächtevorbehalt verschränken sich die wechselseitigen Interessen zur Sicherung des Status quo und damit der Zweiteilung Deutschlands. Wenn unser Bundeskanzler zum Ausdruck bringt, die Wiedervereinigung

194 „Wir wissen: Aus eigener Kraft können wir Deutschen den Zustand der Teilung nicht ändern. (. . .) Für die Überwindung der deutschen Teilung haben wir den Rückhalt im Bündnis und in der Europäischen Gemeinschaft nötig." Helmut Kohl: Regierungserklärung vom 4. Mai 1983, Plenarprotokoll 10/4, S. 72

195 „Im Hinblick auf die internationale Lage, die bisher die Wiedervereinigung Deutschlands und den Abschluß eines Friedensvertrags verhindert hat, behalten die Drei Mächte die bisher von ihnen ausgeübten oder innegehabten Rechte und Verantwortlichkeiten in bezug auf Berlin und auf Deutschland als Ganzes einschließlich der Wiedervereinigung Deutschlands und einer friedensvertraglichen Regelung."

196 „Die Unterzeichnerstaaten sind darüber einig, daß ein wesentliches Ziel ihrer gemeinsamen Politik eine zwischen Deutschland und seinen ehemaligen Gegnern frei vereinbarte friedensvertragliche Regelung für ganz Deutschland ist, welche die Grundlage für einen dauerhaften Frieden bilden soll."

stehe weiterhin auf der Tagesordnung, so ist die deutsche oder innenpolitische Lesart von der alliierten oder außenpolitischen Lesart zu unterscheiden. Innenpolitisch sorgt die Wiedervereinigungsrhetorik für die Kontinuität mit der Deutschlandpolitik Adenauers und erlaubt die parteipolitische Abgrenzung von den Sozialdemokraten. Außenpolitisch aber meint der Bundeskanzler nichts anderes als den Friedensvertragsvorbehalt der vier Mächte. Indem der Bundeskanzler von der Wiedervereinigung spricht, erinnert er die vier Mächte an ihre Kontrollfunktion über die Einhaltung des Status quo, aber völlig legitim spiegelverkehrt deutsch gelesen.[197]

Die Bundesregierung teilt uneingeschränkt den Konsens der politischen Elite, indem sie die Entscheidung für den Westen und damit die Teilung Europas als endgültig und unwiderruflich betrachtet.[198] In diesem Sinne muß die Existenz eines zweiten deutschen Staates als ebenso endgültig hingenommen werden. Der entscheidende Kunstgriff bestand aber darin, die Anerkennung der Zweiteilung von seiten der Bundesrepublik unter den Viermächtevorbehalt in der Friedensvertragsfrage zu stellen. Damit konnte die deutsche Frage unter Wahrung des entsprechenden Verfassungsgebots formal offengehalten werden.[199] Zugleich wird damit der Fortbestand der amerikanischen Präsenz in Berlin und der Bundesrepublik abgesichert. Die Anwesenheit amerikanischer Truppen stützt sich ja

197 „Wenn der Bundeskanzler (vielleicht etwas betonter als sein Vorgänger) sagt, die Wiedervereinigung stehe weiterhin auf der deutschen Agenda, so ist das prinzipiell nichts anderes als der Friedensvertragsvorbehalt der vier Mächte, aber — völlig legitim — spiegelverkehrt deutsch gelesen.“ Klaus Ritter (Direktor der Stiftung Wissenschaft und Politik in Ebenhausen): Zum Handlungsspielraum der Bundesrepublik Deutschland im Ost-West-Verhältnis, *Europa-Archiv,* Folge 18, 1984, S. 543

198 „Zwei Grunddaten sind es, die diese Lage kennzeichnen. Das eine ist die Zugehörigkeit zum Westen. Sie beruht auf unserer Entscheidung für die Grundwerte des freiheitlichen und sozialen Rechtsstaates. Sie ist endgültig und unwiderruflich.“ Richard von Weizsäcker: Ansprache bei der Vereidigung zum Bundespräsidenten am 1. Juli 1984, Presse- und Informationsamt der Bundesregierung: *Bulletin,* Nr. 80, 3. Juli 1984, S. 711

199 Siehe Klaus Ritter: Zum Handlungsspielraum der Bundesrepublik Deutschland, S. 543

gerade auf den im Deutschlandvertrag festgeschriebenen alliierten Vorbehalt gesamtdeutscher Rechte und Verantwortlichkeiten sowie auf den gleichzeitig abgeschlossenen Stationierungsvertrag.[200] Deutschlandpolitik ist der Balanceakt zwischen der faktischen Anerkennung des anderen deutschen Staates und dem gleichzeitigen Offenhalten der deutschen Frage. Eine völkerrechtliche Anerkennung der DDR von seiten der Bundesrepublik würde den Viermächtevorbehalt zunichte machen und damit der amerikanischen Präsenz die Grundlage entziehen. Wer heute mit vermeintlich guten Absichten die Anerkennung der DDR fordert, der greift gleichsam nach dem Schwert Alexanders, um jenen gordischen Knoten durchzuhauen, in dem in Wirklichkeit die komplementären Interessen *aller* Beteiligten verknüpft sind.[201] Gerade im Interesse an der Zweiteilung müssen wir an der Wiedervereinigung festhalten. Indem wir die beiden scheinbar konträren Lesarten der von Adenauer entwickelten Wiedervereinigungsrhetorik gezielt ausspielen, leisten wir einen aktiven Beitrag zur Sicherung des Status quo. Die Wirksamkeit der Rhetorik besteht letztlich darin, daß ihr Kern nicht offen ausgesprochen und von der innenpolitischen Opposition nicht durchschaut wird. Auch hier würde – wie bei der strategischen Nukleargarantie – die Wahrheit gleichsam unserer Sicherheit schaden. (Mit der völlig überflüssigen Auslassung zur deutschen Frage hat der italienische Außenminister Andreotti das „gentleman's agreement" verletzt und verdiente daher eine scharfe Zurechtweisung.) Die Instrumentalisierung der offenen deutschen Frage im Rahmen der Status-quo-Politik mag demjenigen, der gewohnt ist, Dinge wörtlich zu nehmen, paradox erscheinen. Hinter der Paradoxie aber verbirgt sich eine zwingende Logik, die sich unserer unwiderruflichen Entscheidung für die westeuropäische Identität und gegen die Versuchung eines deutschen Sonderweges verdankt.

200 Vertrag über den Aufenthalt ausländischer Streitkräfte in der Bundesrepublik Deutschland, *Bundesgesetzblatt* 1955 II, S. 253

201 Siehe Klaus Ritter: Zum Handlungsspielraum der Bundesrepublik Deutschland, S. 543

Ein Rückzug der USA würde – um den abgebrochenen Gedankengang fortzuführen – nicht allein das Problem einer Verständigung mit der Sowjetunion aufwerfen, sondern uns Deutsche auch von neuem vor die Frage einer mitteleuropäischen Identität stellen. Es wäre die Revision der Ereignisse nach 1945, die Deutschland aus seiner Mittellage zwischen Ost und West befreit haben, indem der germanische und der slawische Einflußbereich an der Elbe wieder eindeutig voneinander abgegrenzt wurden.[202] Eine solche Entwicklung führt zur Frage nach den Möglichkeiten eines politisch-kulturellen Fundaments für eine erneute deutsche Mittellage. Es gehört zum festen Inventar der Opposition gegen den Kurs der Westbindung, in der Nachfolge von Jakob Kaiser, Ulrich Noack[203] und anderen auf eine besondere Aufgabe der deutschen Kultur zwischen dem angelsächsischen Westen und dem asiatischen Osten hinzuweisen. Im Laufe des 19. Jahrhunderts wurde die Vorstellung einer solchen kulturellen Sondermission mit der politischen Mittellage Deutschlands verknüpft. Aber was war nun der wahre Charakter jener eigenartigen Zwischenkultur? War sie ein „Phantom", ein „Irrweg" gar, wie Richard Löwenthal meint?[204]

Die Vertreter des mitteleuropäischen Kulturgedankens berufen sich zumeist auf die Namen von Goethe, Schiller, von Fichte, Schelling und Hegel, auf jene Namen also, die wir mit der Weimarer Klassik und dem deutschen Idealismus verbinden. Wir finden hier in der Tat etwas, das so weder im Westen noch im Osten hätte entstehen können. Daß die „Wissenschaft der Logik" von Hegel, die „Naturphilosophie" von Schelling oder die „Wissenschaftslehre"

202 „Meine persönliche Meinung lautet, daß die Elbe viel länger eine Trennungs- als eine Verbindungslinie zwischen einem germanischen und einem slawischen Einflußbereich gewesen ist und daß die Ereignisse nach 1945 die schlichte Umkehrung der germanischen Kolonisierung nach Osten darstellen." General Sir John Hackett: Interview, *Internationale Wehrrevue,* Nr. 2, Genf, 1984, S. 124

203 Ulrich Noack: Die Sicherung des Friedens durch Neutralisierung Deutschlands und seine ausgleichende weltwirtschaftliche Aufgabe, Köln: Schaffenstein 1948, S. 25, 28, 36 und öfter

204 Richard Löwenthal: Die Deutschen sind keine Pendler, *Die Zeit,* Nr. 21, 18. Mai 1984, S. 4

von Fichte in England oder Amerika geschrieben worden wäre, kann man sich eigentlich gar nicht vorstellen. Das Signum dieser Werke liegt in der Verbindung von Wissenschaft und Religion, von Metaphysik und empirischer Wirklichkeit. Das Eigenartige dieses Geistes mag auch deutlich werden, wenn wir den Theosophen Jakob Böhme, wie Fichte in der schlesischen Oberlausitz geboren, seinem englischen Zeitgenossen Francis Bacon gegenüberstellen. Als Leistung Bacons darf es gelten, die Wissenschaft von der philosophischen und theologischen Vormundschaft befreit und als Quelle der Erkenntnis das empirische Experiment in seine Rechte eingesetzt zu haben. Jakob Böhme dagegen entwickelt, von der Bibel als der einzigen gedruckten Quelle ausgehend, durch Intuition und Erleuchtung das Bild einer Welt, die noch in ihren feinsten Verästelungen das Wirken himmlischer Sphären und die Tätigkeit von Naturgeistern darstellt.

Gewiß werden wir Böhme, Fichte, Schelling und Hegel als große Philosophen anerkennen. Aber wir müssen auch fragen, ob diese Denker dort, wo sie dem Fortschritt der Wissenschaft und der Aufklärung gedient haben, nicht einfach westeuropäische Kultur repräsentiert haben. Dort aber, wo sie der empirischen Wirklichkeit mit einem irgendwie metaphysischen und absoluten Prinzip gebieten wollten, wurden sie zum Vorteil des technischen und industriellen Fortschritts von der empirischen Naturwissenschaft widerlegt. Wenn wir die Namen derjenigen Philosophen nennen müßten, die zur Entstehung der modernen Naturwissenschaft beigetragen haben, dann denken wir nicht an Schelling und Hegel, sondern an Bacon und Kant. Während der Hang zum Absoluten in der Naturphilosophie des deutschen Idealismus sich allenfalls als episodische Störung und Verzögerung des wissenschaftlichen Fortschritts auswirkte, waren seine Folgen in der Geschichts- und Staatsphilosophie für die deutsche Geschichte weitaus verhängnisvoller. Hier wurde nun die Vorstellung wirksam, daß in der politischen Verfassung des Staates sich das Absolute, die Wahrheit oder die Vernunft irgendwie verwirklichen müßten. Nach Fichtes „Reden an die deutsche Nation“, im Winter von 1807 auf 1808 in Berlin gehalten, sollte gerade den Deutschen die Aufgabe zufallen, eine ganz neue Ordnung zu schaffen, die nicht mehr vom individuellen Trieb der Selbsterhaltung und des Wohlseins, sondern ausschließlich vom objektiven Prinzip der Vernunft bestimmt wird. Und nach Hegels „Grundlinien der Philosophie des Rechts", im Jahre 1821 ebenfalls in Berlin veröffentlicht, kommen im Gang der Weltgeschichte die Vernunft und die Wahrheit dergestalt zu ihrer Verwirklichung, daß im Staat nicht das zufällige Glück des einzelnen, sondern die unerbittliche Wirksamkeit der sittlichen Idee ihren Ausdruck findet. Die politische Organisation des Staates soll also nicht wie in unserer modernen Demokratie durch das Gleichgewicht der individuellen und Gruppeninteressen, sondern durch einen objektiven Geist bestimmt werden. Die politisch-gesellschaftliche Sphäre wird als etwas betrachtet, das eine höhere Notwendigkeit in sich trage. Und diese Notwendigkeit stellt sich nach Hegel letztlich als eine göttliche Wahrheit heraus. Wenn ein solcher Geist erst einmal im konkreten Staat wirksam wird, dann werden die liberalen Prinzipien der modernen Demokratie zwangsläufig außer Kraft gesetzt, dann ist der Weg zur Mißachtung derer nicht mehr weit, die sich dem objektiven Geist nicht fügen wollen. Es ist sicher nicht gerechtfertigt, direkte Verbindungslinien von Hegel zu Hitler zu konstruieren. Das Absolute von Hegel für den totalen Krieg von Hitler verantwortlich zu machen ist selbst noch ein Akt der Barbarei. Aber es geht um die Frage, ob nicht die *Verbindung* der politischen Mittellage Deutschlands mit jenem besonderen Geist, der gerade nicht westeuropäisch war, einen verhängnisvollen Irrweg darstellte, der das deutsche Volk in zwei furchtbare Katastrophen gestürzt hat.[205]

205 „Es war erst im Nachgang der napoleonischen Kriege und des Scheiterns der Revolution von 1848, daß in dem von oben her geschaffenen wilhelminischen Deutschland die Vorstellung einer deutschen Zwischenkultur entstand, die im Gegensatz zu allen Fakten der geschichtlichen Entwicklung nicht ein Teil der westlichen Zivilisation sein, sondern eine Sondermission ‚zwischen westlichem Materialismus und russischer Barbarei' erfüllen wollte. Dieser Irrweg hat in zwei furchtbaren Weltkriegen und in der Zerschlagung Deutschlands geendet." Richard Löwenthal, ebd.

Diejenigen, die noch immer die politische Neutralisierung Deutschlands mit der besonderen Mission einer mitteleuropäischen Kultur verbinden wollen, müssen daran erinnert werden, daß in Berlin im Jahr 1945 auch Weimar korrumpiert wurde. Sie müßten darlegen können, aus welchen Gründen eine erneute politische Mittellage Deutschlands nicht zwangsläufig wieder zu einer Katastrophe führen müßte. Sie hätten diejenigen Vorkehrungen zu nennen, die die relativistische Sphäre der demokratischen Entscheidungsfindung vor dem erneuten Eingreifen des „Absoluten“ zuverlässig schützen würden. Wer sich an dieses Unterfangen wagen wollte, der hätte nicht nur die Mehrheit der Bevölkerung, sondern auch die deutsche Geschichte des zwanzigsten Jahrhunderts gegen sich. Wir Deutschen sind es müde, unsere Geschichte als ein letztlich metaphysisches Drama zu betrachten, dessen Sinn nur im Himmel oder, viel wahrscheinlicher, in der Hölle geschrieben steht. Wir wollen unser Schicksal endgültig in diesseitigen und rationalen Kategorien begreifen.[206] Wir wollen als ganz normale Westeuropäer anerkannt werden. Wir sind Menschen wie andere auch. Unsere Nachbarn dürfen davon ausgehen, daß auch sie in unserer Lage so empfinden würden wie wir. Unsere westeuropäische, unsere demokratische Normalität ist überhaupt unser größter Fortschritt. Wir haben den deutschen Hang zum Absoluten hinter uns gelassen. Unsere demokratische Normalität muß gleichsam das gesellschaftliche Unterbewußtsein durchdringen und die letzten Reste des Absoluten vertilgen und vernichten.

Konrad Adenauer hat erkannt, daß nach dem Krieg hinter der Entnazifizierung die größere Aufgabe stand, den deutschen Geist von den Grundanschauungen zu befreien, aus denen auch der Na-

206 Der Pole Jan Józef Szczepański, 1919 in Warschau geboren, schrieb in dem „Im Dienste des Großen Reeders“ genannten Essay über seine Generation: „Uns lag sehr an unserer Normalität. Wir wollten die Welt und unser Schicksal in den Kategorien rationaler Notwendigkeiten verstehen, und wir wollten nicht mehr teilhaben an dem geheimnisvollen Drama, dessen Sinn im Himmel geschrieben steht.“ Jan Józef Szczepański: Vor dem unbekannten Tribunal, Fünf Essays, Aus dem Polnischen übersetzt und mit Anmerkungen versehen von Klaus Staemmler, Frankfurt: Suhrkamp 1979, S. 11

tionalsozialismus erwachsen ist.[207] Der metaphysische Hang zum Absoluten mußte für immer ausgerottet werden. Und wenn es das größte Anliegen des ersten Kanzlers war, unseren Staat fest und unverbrüchlich in den Westen einzubinden, so hat er entscheidend mitbeigetragen zur Verwirklichung einer politischen Struktur in Zentraleuropa, die für die Welt nicht mehr gefährlich werden kann. Der Schutzwall gegen die geschichtliche Versuchung des Absoluten ist auch ein Schutzwall gegen die verhängnisvolle mitteleuropäische Zwischenlage der Deutschen.[208] Zwei Katastrophen sind in diesem Jahrhundert von Deutschland ausgegangen. Wir haben die Lektion der Geschichte gelernt. Darum ist ein entscheidender Grundsatz unserer Politik: Bonn *ist nicht* Weimar! Bonn *wird nicht* Weimar![209] Eine *dritte* Katastrophe gilt es um jeden Preis zu verhindern. Und darum gab es keine Alternative zum Nato-Doppelbeschluß. Seine Verwirklichung trägt zur Sicherung des Status quo in Zentraleuropa bei und ist damit auch eine Garantie gegen eine neue Versuchung des Absoluten. Weil eine dritte Katastrophe die anderen Deutschen

207 „Die Befreiung des deutschen Geistes von den Grundanschauungen, aus denen auch der Nationalsozialismus erwachsen ist, scheint mir die Hauptsache." Konrad Adenauer: Briefe, herausgegeben von Rudolf Morsey und Hans-Peter Schwarz, Berlin: Siedler 1983, Brief an Alfred Jankuhn, 30. Dezember 1946, Nr. 435, S. 140

208 „Es wäre fatal, wenn es letztlich darum ginge, dem Leitbild liberaler Demokratie eine ‚Mitteleuropa'-Identität entgegenzustellen. Das haben wir in diesem Jahrhundert nun wirklich genug probiert, und das Ergebnis war die deutsche Katastrophe, von zwei Weltkriegen, der Vertreibung kritischen Geistes und allem anderen Unsäglichen ganz abgesehen." Christian Graf von Krockow: Brief, 9. September 1983. Zum relativistischen Charakter des demokratischen Systems und der „geschichtlichen Versuchung des Absoluten" siehe Christian Graf von Krockow: Gewalt für den Frieden? Die politische Kultur des Konflikts, München: Piper 1983

209 „Wir haben die Lektion der Geschichte gelernt." Helmut Kohl in der Debatte um die Nachrüstung am 21. November 1983 im Deutschen Bundestag, Plenarprotokoll 10/35, S. 2331. – „Für mich als Vertreter der Generation, die die Nazizeit noch als Schüler erlebt hat und dann in der Freiheit unserer Bundesrepublik Deutschland aufgewachsen ist, ist ein entscheidendes Erlebnis, daß wir aus vollem Herzen gesagt haben und sagen: Bonn ist nicht Weimar! Bonn wird nicht Weimar! – Das ist ein entscheidender Satz unserer Politik." Helmut Kohl am 15. Oktober 1982 im Deutschen Bundestag, Plenarprotokoll 9/121, S. 7463

nicht weniger als uns auch treffen würde, wird die Nachrüstung im Interesse des ganzen deutschen Volkes vollzogen. Amerika darf den Fehler von 1919, als seine Truppen unter General John Joseph Pershing Europa verlassen haben, nicht wiederholen.[210] Es ist ein hartes Geschick, daß wir um jeden Preis die Amerikaner in Deutschland halten müssen, es mag zuweilen schrecklich sein – aber alles andere wäre noch schrecklicher.

210 „Amerika dürfe die Fehler von 1919, als es sich ganz aus Europa zurückgezogen habe, nicht wiederholen." Helmut Kohl in Washington Anfang März zu den Vorschlägen von Henry Kissinger bezüglich einer Reform der Nato, zitiert nach *die tageszeitung,* 6. März 1984, S. 4

Die Vertreibung aus dem Paradies

Im November 1983 konnten wir aufatmen. Wir hatten es geschafft. Die außenpolitische Grundsatzentscheidung für eine sichere Zukunft unseres Staates war gefallen. Wir konnten den Amerikanern stolz das Abstimmungsergebnis für den transatlantischen Bund präsentieren.

Doch kaum waren zwei Monate vergangen, da begann sie in Washington von neuem, diese irritierende Diskussion über Westeuropa und den pazifischen Raum, über einen möglichen Abzug von US-Truppen.

Anfang März konnte unser Bundeskanzler in Washington den Vollzug der Nachrüstung melden. Er wurde freundlich behandelt. Man versicherte ihm, an der Treue der USA zur Atlantischen Allianz habe sich nichts geändert, anderslautende Gerüchte seien gegenstandslos. Doch dann fand es Außenminister Shultz nötig, von sich aus noch zu versichern, der Schwerpunkt der amerikanischen Politik verlagere sich keineswegs zuungunsten Europas nach Asien.[211] Es klang zunächst wie ein Dementi. In Wirklichkeit aber war es die offizielle Bestätigung, daß sich in der amerikanischen Außenpolitik eine Verschiebung zum pazifisch-asiatischen Raum

211 „Bewegungen im amerikanischen Denken deuteten sich an, als Außenminister Shultz es nötig fand, von sich aus zu sagen, keineswegs verlagere sich der Schwerpunkt amerikanischer Politik zu Europas Ungunsten nach Asien." *Frankfurter Allgemeine Zeitung,* Nr. 57, 7. März 1984, S. 12

vollzogen hatte. Es war damit zugleich eine Bestätigung für die Warnungen Eagleburgers vom Januar und die Gedankenspiele Kissingers von Anfang März. Lawrence Eagleburger, als Staatssekretär dritter Mann im US-Außenministerium, erklärte am 31. Januar vor dem „John Davis Lodge International Center", die Westeuropäer seien zu sehr mit sich selbst beschäftigt, anstatt die politische Stabilität weltweit im Auge zu behalten. Eine stärkere Abkehr der Europäer, fügte er warnend hinzu, könnte zur Folge haben, daß die USA sich dann vermehrt dem pazifischen Raum zuwenden würden.[212]

Der Aufsatz Henry Kissingers, rechtzeitig zum Washington-Besuch Helmut Kohls Anfang März veröffentlicht, wiederholte nicht nur die Warnung, angesichts der gegenwärtigen Tendenzen werde „die Frage nach der Legitimation der heutigen Nato-Truppenaufstellung unausweichlich", sondern enthielt auch schon klare Vorstellungen über neue US-Prioritäten und die Konsequenzen für die Europäer.[213] Diese werden aufgefordert, ihre Verteidigungsleistungen zu erhöhen und sich selbst stärker zu organisieren. Die Absicht ist deutlich. Eine solche Aufgabenteilung würde es den Amerikanern erlauben, ihre Kräfte auf Regionen zu konzentrieren, wo kriegerische Konflikte sehr viel wahrscheinlicher sind als in Europa. Die USA könnten dann mehr Nachdruck auf höchst mobile Streitkräfte legen, die zur „Verteidigung beispielsweise des Mittleren Ostens, Asiens und der westlichen Hemisphäre", also des pazifischen Raumes, besonders geeignet sind.[214]

212 Lawrence S. Eagleburger: Les Etats-Unis entre l'Europe et le Pacifique, *Politique Etrangère,* Revue publiée par l'Institut Français des Relations Internationales, Nr. 1, 1984, S. 143 – 146

213 Henry Kissinger: Ein Umbau-Plan für die Nato, *Die Zeit,* Nr. 10, 2. März 1984, S. 3

214 Ebd. – „Such a division of responsibilities would also enable our military establishment to shift some of its intellectual energies and scientific research from a hypothetical esoteric war in an area where we have major allies to the defense of regions where conflict is much more likely. In such regions our allies are less prone to see their interests immediately engaged, and the countries being threatened are in a worse position to assist in the defense effort." Henry Kissin-

Als unser Bundeskanzler von seinem Washington-Besuch zurückkehrte, legte Eagleburger noch einmal nach. Am 7. März führte Eagleburger in einem Vortrag vor der „National Newspaper Association“ aus, daß sich in den letzten fünfzehn Jahren des 20. Jahrhunderts ein tiefgreifender Wandel vollziehen könnte.[215] Die USA befürchteten eine Entfremdung im atlantischen Bündnis als Folge wachsender Differenzen zu ihren Alliierten. Die Vertrautheit, die bisher die atlantische Partnerschaft geprägt habe, könnte in den achtziger und neunziger Jahren verlorengehen. Eagleburger begründete seine Warnung mit dem Hinweis, die Europäer neigten dazu, globale Probleme mehr und mehr aus der verengten Perspektive einer nach innen orientierten Regionalmacht wahrzunehmen. Die USA dagegen würden als Macht mit globaler Verantwortung zunehmend mit Problemen in anderen Teilen der Welt konfrontiert werden, etwa in Mittelamerika, im Pazifik oder im Mittleren Osten. Als wesentliches Moment des Umbruchprozesses der kommenden Jahre hob Eagleburger hervor, daß die demographische Entwicklung und der wirtschaftliche Aufstieg Kaliforniens die Verlagerung des innenpolitischen Schwerpunkts der USA nach Westen verstärken würden. Zugleich seien der wachsende US-Pazifikhandel und die wirtschaftliche Leistungsfähigkeit Japans, der ASEAN-Länder, Südkoreas, Taiwans und Hongkongs zu beachten. Die Volksrepublik China biete ein unermeßliches Potential, sobald sie ihre Wirtschaft dem Weltmarkt öffne. Weiter seien es vor allem die Vereinigten Staaten zusammen mit Japan, die in der unmittelbaren Zukunft die Entwicklung der Hochtechnologie beherrschen würden. Beim Eintritt in das 21. Jahrhundert sei es wahrscheinlich, daß diese beiden Mächte entweder die größten weltwirtschaftlichen Konkurrenten oder gute Wirtschaftspartner sein werden.

ger: A Plan to Reshape Nato, *Time,* 5. März 1984, S. 17; in der deutschen Übersetzung von Theo Sommer fehlt diese Passage („Die Kürzung geschah am Umbruchtisch“).

215 Lawrence S. Eagleburger: The Transatlantic Relationship, A Long-Term Perspective, *Department of State Bulletin,* The Official Monthly Record of United States Foreign Policy, Nr. 2085, April 1984, S. 39 – 42

Die Vereinigten Staaten würden in den kommenden Jahren mit der Herausforderung konfrontiert werden, neue institutionelle Verbindungen mit den asiatischen Freunden einzugehen. Die Atlantische Allianz behalte zwar eine große Bedeutung, dennoch würden sich die USA stärker als bisher dem pazifischen Raum zuwenden. Die entscheidende Frage sei, wie Eagleburger später hinzufügte, ob die USA die Verlagerung zum Pazifik verkraften könnten, ohne die lebenswichtigen transatlantischen Beziehungen zu zerbrechen.[216] Die Ernsthaftigkeit seiner Warnung unterstrich Eagleburger mit der Bemerkung, er räume der Nato für das Ende des Jahrhunderts nur noch eine Chance von sechzig zu vierzig ein.[217]

Diese Ausführungen waren für uns um so schockierender, als Eagleburger sich immer als ein zuverlässiger Vorkämpfer für europäische Interessen in der US-Administration erwiesen hat. Der Vorgang war zugleich ein sicheres Zeichen dafür, daß die pazifische Option, die zunächst nur von Ökonomen und Politologen diskutiert wurde, in der Administration auf wachsendes Interesse stieß.[218] Die Warnungen Eagleburgers konnten wir in der Öffentlichkeit zwar als übertrieben oder gar unbegründet dementieren, aber ignorieren konnten wir sie nicht.

Die Atlantische Allianz wird, das ist offensichtlich, zum ersten Mal in ihrer Geschichte mit einer ernsthaften Gegnerschaft von einflußreichen Leuten aus dem außenpolitischen Establishment der USA konfrontiert. Beunruhigend ist vor allem, daß sich auch füh-

216 Lawrence S. Eagleburger: Interview, *Die Zeit,* Nr. 18, 27. April 1984, S. 7

217 Frage: „Will there still be a Nato Alliance in something more than name by the year 2000? What ist your prediction?" Eagleburger: „My call at this point is that there is a 60 – 40 chance we will manage our differences and maintain the vitality of the alliance. I wish I could say the odds were higher." *U. S. News and World Report,* Nr. 23, 11. Juni 1984, S. 33

218 Vergleiche zum Beispiel die Äußerung von US-Staatssekretär Wallis: „Traditionally, we have thought of Asia as the ‚Far East'. We looked far, and we looked east, across Europe to Asia. Now we look west, across the Pacific, to Asia. East Asia and the Pacific region have become the ‚Near West'." W. Allen Wallis: The Near West, America and the Pacific, *Current Policy,* United States Department of State, Bureau of Public Affairs, Nr. 578, 9. Mai 1984, S. 2

rende Vertreter von Europa abwenden, die selbst noch zur Schaffung der Allianz beigetragen haben.[219]

Nur kurze Zeit nach dem Washington-Besuch Helmut Kohls kam der zweite Schlag. Es war die offizielle Bestätigung amerikanischer Pläne für die Entwicklung der Weltraumrüstung. Schon im März reisten amerikanische Informationsteams durch die europäischen Hauptstädte. Anfang April dann hat US-Verteidigungsminister Weinberger den Nato-Europäern Einblick in die amerikanischen Pläne verschafft. Inzwischen kann es keine Zweifel mehr geben, daß die Amerikaner den Krieg im Weltraum fest in die langfristige Verteidigungsstrategie eingeplant haben.

Es war seit längerem bekannt, daß die Amerikaner an Schlüsseltechnologien für raumstationierte Laser-Waffensysteme arbeiteten. Überraschend und unerwartet aber war die sicherheitspolitische und militärstrategische Dimension der Pläne. Die Eliminierung der Bedrohung der Vereinigten Staaten durch ballistische Nuklearraketen wurde mit dem „National Security Decision Document 85" zur *nationalen Aufgabe* erklärt. Die Kostenschätzungen für das Forschungsprogramm der „Strategic Defense Initiative" (SDI) bewegen sich gegenwärtig zwischen 100 und 200 Milliarden US-Dollar.[220]

Ein partielles Abwehrsystem zur Verteidigung besonders empfindlicher Ziele gegen begrenzte Angriffe könnte schon in den neunziger Jahren aufgebaut werden. Ein umfassendes Abwehrsystem zur Zerstörung von Raketen in ihrer Aufstiegsphase oder während des Fluges wird aller Wahrscheinlichkeit nach aber erst zu Beginn des nächsten Jahrhunderts realisiert werden können. Bei der Strategischen Verteidigungsinitiative handelt es sich also um ein

219 „Während früher das amerikanische Außenpolitik-Establishment unzweideutig und unerschütterlich zur Nato stand, wenden sich heute viele führende Vertreter dieses Establishments, selbst solche, die einst an der Schaffung der Allianz persönlich nicht unbeteiligt waren, gegen sie." Norman Podhoretz: Versagt Europa, bleibt nur die „Festung Amerika", *Die Weltwoche,* Nr. 9, 1. März 1984, S. 7

220 Siehe Hans-Heinrich Weise (Planungsstab des Bundesministeriums für Verteidigung): Amerikanische Pläne für ein weltraumgestütztes Raketenabwehrsystem, *Europa-Archiv,* Folge 13, 1984, S. 401 – 406

ausgesprochen langfristig angelegtes Programm, für dessen Verwirklichung noch mehrere technologische Durchbrüche erzielt werden müssen. Gleichwohl kann an der grundsätzlichen technischen Realisierbarkeit kaum noch gezweifelt werden.

Die Ernsthaftigkeit der Bedrohung, die sich für uns Europäer abzeichnet, wurde schon im Juni mit einem ersten erfolgreichen Experiment demonstriert. Am Pfingstsonntag, am 10. Juni, gelang zum ersten Mal die Zerstörung eines ballistischen Flugkörpers mit einer landgestützten nicht-nuklearen Versuchsrakete außerhalb der Erdatmosphäre. Vom Luftwaffenstützpunkt Vandenberg in Kalifornien wurde eine interkontinentale Minuteman-Rakete mit einer Sprengkopf-Attrappe gestartet. Auf dem zu den Marshall-Inseln gehörenden Pazifik-Atoll Kwajalein startete die amerikanische Luftwaffe kurz darauf eine Abfangrakete. In einer Höhe von mehr als 160 Kilometern über dem Südpazifik zerschellte die Minuteman am Stahlschirm der Abfangrakete.[221]

Die langfristigen Konsequenzen der Strategischen Verteidigungsinitiative könnten sich für uns Nato-Europäer als verheerend herausstellen. So meint US-Senator William Proxmire, daß das neue Verteidigungssystem durch die Schwächung der amerikanischen Nukleargarantie für Europa die Atlantische Allianz zerstören könnte.[222] Die technologische Möglichkeit der Weltraumrüstung eröffnet die Perspektive einer nationalen Verteidigung dergestalt, daß die USA eines Tages zur Wahrung ihrer Sicherheit auf die Präsenz in Westeuropa nicht mehr angewiesen sind. Damit zerbricht die Klammer der nationalen Interessen, die die USA bisher in Europa festgehalten haben. Vielleicht noch alarmierender ist die Tatsache, daß das von den Amerikanern geplante Defensivsystem zwar eine wirkungsvolle Bekämpfung sowjetischer Interkontinentalraketen erlaubt, dagegen dürfte es für die Erfassung und Zerstörung von Mittelstreckenraketen auf einem europäischen Kriegsschauplatz weitgehend ungeeignet sein. Während sich die USA gegen ei-

221 Angaben nach *New York Times,* Nr. 46073, 12. Juni 1984, S. A1 und S. A18
222 William Proxmire: „Star Wars" Protection, But Not For Europeans, *New York Times,* Nr. 46114, 23. Juli 1984, S. A19

nen sowjetischen Angriff absichern könnten, würde Westeuropa schutzlos den sowjetischen SS-20-Raketen ausgesetzt werden. Die USA könnten langfristig wohl kaum der Versuchung widerstehen, ihr nuklearstrategisches Potential von Westeuropa abzukoppeln. Die Abschreckung gegen die überlegenen konventionellen und nuklearen Streitkräfte des Warschauer Paktes müßte sich für Europa dann überwiegend auf konventionelle Kräfte und eurostrategische Nuklearwaffen stützen. Die in Europa stationierten Nuklearwaffen würden damit zwangsläufig eine Kriegsführungsfunktion erhalten, während sie in unserer Sicht im Gegenteil gerade die Verkoppelung Europas mit den amerikanischen Interkontinentalraketen sicherstellen sollten.

Unsere Lage muß vollends ausweglos erscheinen, wenn man berücksichtigt, daß die Sowjetunion mit hoher Wahrscheinlichkeit ebenfalls ein Defensivsystem aufbauen wird. Die Vereinigten Staaten könnten dann nicht länger mit Glaubwürdigkeit den Einsatz ihrer Interkontinentalraketen zur Verteidigung Westeuropas androhen.[223] Die Aussicht auf die Errichtung von Defensivsystemen durch die beiden Supermächte zerstört zwangsläufig das Kernstück der Nato-Strategie und damit unsere existentielle Verklammerung mit den Vereinigten Staaten.[224] Westeuropa würde, wie sich unsere deutschen Politiker vornehm ausgedrückt haben, zu einer „Zone ungleicher Sicherheit". Die Sorge ist nicht unbegründet, daß sich zwischen den beiden Supermächten eine strategische Stabilität einstellen könnte, ein strategisches Komplott gleichsam auf Kosten Westeuropas. Es handelt sich im Grunde genommen um jene Drohung, die schon Adenauer gesehen hat, jetzt aber in einer neuen Gestalt. Eine strategische Stabilität zwischen den Vereinigten Staaten und der Sowjetunion würde Europa zwar vielleicht vor einem Krieg bewahren, aber gleichzeitig zu einer neuen Form eines Kondomini-

223 David S. Yost: Die Sorgen der Europäer gegenüber den amerikanischen Plänen für eine Raketenabwehr, *Europa-Archiv,* Folge 14, 1984, S. 433

224 Vergleiche zu diesem Problemzusammenhang Hans-Heinrich Weise: Amerikanische Pläne für ein weltraumgestütztes Raketenabwehrsystem, *Europa-Archiv,* Folge 13, 1984, S. 405 f.

ums führen, zu einem aus gegenseitigem Interesse getroffenen Arrangement der beiden Supermächte über den Status Westeuropas.[225]

Vorstellbar ist noch ein weiteres Szenarium, das nicht weniger beunruhigend ist. Wenn das amerikanische Defensivsystem zur Abwehr von Raketen mit kurzer Flugzeit ungeeignet ist, so dürfte das auch für das sowjetische Defensivsystem gelten. Für die USA eröffnet sich damit die Möglichkeit, mit den in Westeuropa stationierten Mittelstreckenwaffen das sowjetische Defensivsystem zu durchdringen. Es kann daher nicht ausgeschlossen werden, daß die Nachrüstungswaffen, die ursprünglich die strategische Nukleargarantie der USA absichern sollten, in fernerer Zukunft eine Kriegsführungsfunktion im *amerikanischen* Interesse erhalten könnten. Die Nachrüstungswaffen würden uns Westeuropäern dann nicht nur keinen Schutz gewähren, sondern könnten vielmehr einen Erstschlag der Sowjetunion auf Westeuropa provozieren. Dieses Szenarium bedeutet nichts anderes als die völlige Umkehrung dessen, was wir als Intention mit der Nachrüstung verbunden haben. Mit dieser Möglichkeit kündigt sich eine grausame Ironie der Geschichte an.

Unsere Reaktion auf die amerikanischen Pläne zur Errichtung eines Defensivsystems wird von der Einsicht bestimmt werden müssen, daß die USA diese Pläne als eine nationale Aufgabe ohne Rücksicht auch auf unsere stärksten Bedenken verfolgen werden. Die Amerikaner haben uns zwar eine Beteiligung am Forschungsprogramm für das defensive Verteidigungssystem angeboten, wohl aber vor allem im Blick auf die immensen Kosten und zur Beruhigung unserer Sorgen, aber sicher weniger im selbstlosen Interesse an unserer Sicherheit. Wenn wir eine Beteiligung ablehnen, besiegeln wir nicht nur schon heute unser Schicksal, sondern verbauen uns auch die Chance, an der Entwicklung der fortgeschrittensten Technologie partizipieren zu dürfen. Nehmen wir dagegen das amerikanische Angebot an, so beteiligen wir uns faktisch an der Finan-

225 Siehe David S. Yost: Die Sorgen der Europäer gegenüber den amerikanischen Plänen für eine Raketenabwehr, *Europa-Archiv,* Folge 14, 1984, S. 433

zierung derjenigen Technologie, die den Vereinigten Staaten eines Tages die nuklearstrategische Abkoppelung von Westeuropa erlauben wird.

Als ob die Ankündigung der Strategischen Verteidigungsinitiative noch nicht gereicht hätte, holten die Amerikaner zu einem weiteren Schlag gegen uns Nato-Europäer aus. Sam Nunn, bisher ohne Zweifel engagierter Anhänger der Atlantischen Allianz, brachte am 20. Juni bei den Haushaltsberatungen im US-Senat den Antrag ein, 90 000 amerikanische Soldaten in drei Jahresraten von 1987 bis 1989 aus Europa zurückzuziehen, und zwar für den Fall, daß die europäischen Nato-Partner nicht endlich der Verpflichtung nachkämen, ihre Verteidigungsausgaben jährlich um drei Prozent zu steigern.[226] Hätte Sam Nunn seinen Antrag nur mit der Behauptung begründet, die USA würden jährlich 170 Milliarden Dollar in die Nato investieren, so hätten wir uns bald wieder beruhigen können. Die Argumentation aber zielte tiefer. Sam Nunn griff die früher schon von Kissinger, Bundy, McNamara und Ball vorgebrachte Kritik an der Nato-Strategie auf. Er führte aus, die Drohung mit dem Ersteinsatz von Atomwaffen zur Verteidigung Westeuropas verliere zunehmend ihre Glaubwürdigkeit. Die Option auf den frühzeitigen Einsatz von Atomwaffen sei dem nationalen Interesse der Vereinigten Staaten diametral entgegengesetzt. Daher müßten die Westeuropäer ihre Verteidigungsausgaben erhöhen, um die konventionellen Streitkräfte auszubauen.[227] Sam Nunn hatte, bevor er den Antrag einbrachte, die Stimmung im Senat getestet. Er sah sich vom Ausmaß des Beifalls in seiner Kritik bestätigt. Der Antrag wurde mit einer nicht allzu großen Mehrheit von 55 zu 41 Stimmen verworfen.

226 *Congressional Record,* Nr. 85, 20. Juni 1984, Washington: U.S. Government Printing Office 1984, S. 7721

227 „The reason we need to improve conventional defense is that the continued reliance on the early use of nuclear weapons is diametrically opposed to the national security interests of this country and the security interests of our Western European allies." — „I do not believe in the early use of nuclear weapons." Sam Nunn am 20. Juni 1984 im Senat, ebd., S. 7722

Unseren Beifall konnte Sam Nunn allerdings nicht erhalten. Die Absicht seines Antrages war deutlich genug. Sie zielt auf die Auflösung der amerikanischen Nukleargarantie für Westeuropa. Die breite Resonanz auf den Antrag war Zeichen dafür, daß das Problem mit der Ablehnung im Senat nicht erledigt ist. Sam Nunn kündigte an, daß er das Thema bei den nächsten Haushaltsberatungen wieder aufgreifen wolle. Was uns beunruhigt, ist nicht so sehr die Möglichkeit, daß der nächste Anlauf gelingen könnte. Das ist nicht sehr wahrscheinlich. Das Problem — und ich teile hier die Einschätzung von Eagleburger — besteht vielmehr darin, daß ein Antrag auf einen Truppenrückzug in den *neunziger* Jahren durchaus erfolgreich sein könnte.[228]

Ich kann die Feststellung nicht ohne Bitterkeit aussprechen, daß von amerikanischer Seite die schärfsten Angriffe gegen die Nato-Strategie gerade zu einem Zeitpunkt geführt werden, da mit dem Vollzug der Nachrüstung die amerikanische Nukleargarantie von neuem gefestigt werden sollte.

Manche glauben heute, man könne das Dilemma einfach dadurch lösen, daß die Westeuropäer dem amerikanischen Drängen auf den Ausbau der konventionellen Verteidigungsfähigkeit und auf eine stärkere Zusammenarbeit der europäischen Nato-Staaten, etwa im Rahmen der WEU, nachgeben würden. Das Problem, dem wir uns gegenübersehen, ist aber schwerwiegender. Der Ausbau der konventionellen Streitkräfte schwächt nicht nur die amerikanische Nukleargarantie, eine stärkere Eigenverantwortung der Europäer auf dem Verteidigungssektor würde auch die Belastungen im transatlantischen Verhältnis verstärken. Wenn wir unsere Verteidigungsanstrengungen erhöhen müssen, dann wollen wir auch die dafür nötigen Waffen produzieren. Das wird die Amerikaner sicher nicht begeistern. Aber das ist nicht das einzige Problem. Eine stärkere sicherheitspolitische Identität der Europäer könnte zusammen mit den wachsenden ökonomischen Differenzen zwischen der EG und

228 Lawrence S. Eagleburger: Interview, Sender Freies Berlin, 28. Juni 1984, Schriftliche Fassung vom SFB, S. 5

den USA längerfristig eine explosive Mischung ergeben. Wenn wir den amerikanischen Wünschen folgen, wird es ernsthafte Probleme geben. Folgen wir ihnen nicht, wird es nicht weniger ernsthafte Probleme geben.[229] Das gilt auch für die Frage einer deutschen und europäischen Beteiligung an der Strategischen Verteidigungsinitiative der USA.

Im Blick auf die politische Entwicklung im ersten Halbjahr 1984 drängt sich die Erkenntnis auf, daß wir schon in naher Zukunft mit einer aussichtslosen Situation konfrontiert werden könnten. Für einzelne Probleme mag es noch Lösungen geben. Unser eigentliches Problem aber besteht darin, daß sich gleichsam verschiedene Entwicklungslinien gegen uns verbünden. Genannt seien die transatlantische Konkurrenz auf dem Wirtschaftssektor, die wachsende amerikanische Kritik an der Nukleargarantie als dem Herzstück der Nato und die drohende Abkoppelung der USA durch die Errichtung eines strategischen Verteidigungssystems. Die Kluft zwischen Europa und seiner Schutzmacht wird tiefer. Das kann nicht mehr übersehen werden.

Diese Entwicklung könnte aus den Ereignissen im pazifischen Raum eine zusätzliche Dynamik gewinnen. Manche mochten sich noch mit der Hoffnung beruhigen, die Bildung einer Pazifischen Gemeinschaft unter Einschluß der USA werde am Widerstand der ASEAN-Länder scheitern.[230] Das Ergebnis der 17. ASEAN-Außenministerkonferenz in Jakarta vom Juli 1984 scheint aber auch diese Hoffnung zunichte zu machen. Der vom indonesischen Außenminister Mochtar Kusumaatmadja vorgeschlagene Kooperationsplan fand nicht nur den Beifall der übrigen fünf ASEAN-Länder, sondern erhielt auch die Zustimmung Neuseelands, Australiens, Japans, Kanadas und der USA. Die elf Staaten kamen darin überein, sich jährlich einmal zu Konsultationen über wirtschafts- und entwicklungspolitische Fragen zu treffen. Daneben wurde auch

229 Vergleiche dazu die Aussage von Eagleburger, ebd., S. 7

230 So argumentierte etwa Rüdiger Machetzki: ASEAN, Entwicklungsmodell mit Hindernissen, *Aus Politik und Zeitgeschichte,* B 33, 18. August 1984, S. 5. Auf den indonesischen Vorschlag geht Machetzki nicht ein.

die Realisierung gemeinsamer Projekte ins Auge gefaßt.[231] Auch wenn von einer Institutionalisierung der Zusammenarbeit noch abgesehen wurde, so muß die Vereinbarung doch als Durchbruch auf dem Weg zu einer stärkeren Kooperation im pazifischen Raum gewertet werden. Daß die Entwicklung nicht zu unseren Gunsten verlaufen wird, ist abzusehen. Die europäische Delegation unter Leitung von Peter Barry, amtierender Ratspräsident der EG, wurde von den Jakarta-Gesprächen über die pazifische Zusammenarbeit ausgeschlossen. US-Außenminister Shultz dagegen erklärte nach seiner Rückkehr von Jakarta, daß die Entwicklung in Asien und im Pazifik von enormer Bedeutung sei und zur Zufriedenheit der Vereinigten Staaten verlaufe.[232]

Die Konsequenzen, die sich für die fernere Zukunft abzeichnen, sind unausweichlich. Wenn einerseits die Spannungen im transatlantischen Verhältnis weiter zunehmen und andererseits die Amerikaner den pazifischen Raum erst einmal als das „bedeutendste ökonomische Interessengebiet" mit einem von Jahr zu Jahr wachsenden Gewicht erkannt haben[233], so muß aus der Verkoppelung wirtschaftlicher und militärischer Interessen im Pazifik langfristig die Abwendung der USA von Europa erfolgen.

Unser Außenminister versuchte, die Amerikaner von der falschen Alternative Europa oder Pazifik abzubringen. Unsere Epoche, sagt er, werde doch viel mehr vom Entstehen eines neuen welt-

231 *Far Eastern Economic Review,* Nr. 30, 26. Juli 1984, S. 32 f

232 Shultz: „There is a lot of news that people don't recognize as news, I guess. (. . .) from the standpoint of the United States, what's going on in Asia and the Pacific is of tremendous importance and it is going very well from the standpoint of the United States. (. . .) Actually some of these underlying trends and developments that are going along and that don't get punctuated by some daily news peg are very important and tend not to be observed." NBC-Interview, 23. Juli 1984, *Wireless Bulletin,* United States Information Service, Nr. 136, 24. Juli 1984, S. 1

233 „(. . .) the Asia-Pacific region represents our *single largest* economic area of interests, and it continues to grow in importance each year." Robert L. Long (Oberbefehlshaber des Pazifischen Kommandos, PACOM): Referat, House of Representatives, Hearings before the Subcommittee on Asian and Pacific Affairs: United States-Philippines Relations, 17. Juni 1983, Washington: U.S. Government Printing Office 1983, S. 2 f. (CIS: H381 – 94)

politischen Dreiecks Europa – USA – Japan geprägt.[234] Aber alle Bedenken und Beschwörungen an die Adresse Washingtons verhallten ungehört. Wir müssen heute erfahren, daß die USA dort, wo sie nicht mehr auf Westeuropa angewiesen zu sein glauben, ohne Rücksprache und Rücksicht ihre globalen Interessen verfolgen. Wir, die treuen Verbündeten, sind heute in Washington zu lästigen Bittstellern geworden, denen man freundliche Gleichgültigkeit, manchmal auch schon Spott und Verachtung entgegenbringt.

Aber wir haben doch alles getan, was in unserem Vermögen stand. Wir waren bereit, unser Land über das „Wartime Host Nation Support"-Abkommen den Amerikanern als Nachschubbasis für Truppen und Material zur Verfügung zu stellen. Wir haben stillschweigend die Möglichkeit einer „horizontalen Eskalation" hingenommen. Wir haben das „Air Land Battle"-Abkommen unterzeichnet. Wir haben ohne Rücksicht auf innenpolitische Kosten und gegen alle Proteste und Bedenken die Nachrüstung durchgezogen. – Und das alles soll jetzt umsonst gewesen sein?

Wenn die USA den eingeschlagenen Kurs tatsächlich weiterverfolgen sollten, dann müssen wir uns der Erkenntnis beugen, daß es uns mit allen unseren Anstrengungen nicht gelungen ist, die Zukunft unseres Landes zu sichern.

Aber wir haben doch immer nur in Treue zu Konrad Adenauer, dem Vater unseres Staates, gehandelt. Unsere Politik war doch immer nur eine Politik des guten Willens und der besten Absichten.[235]

234 „Unsere amerikanischen Freunde wären ihrerseits gut beraten, wenn sie sich nicht in Alternativen – und dazu falschen – nach dem Motto: Hier Europa, hier Pazifik – verstricken würden. (. . .) In den USA sollte man erkennen, daß ein Denken in der Alternative Europa-Pazifik nicht der tatsächlichen Entwicklung entspricht. Unsere Epoche wird durch das Entstehen eines neuen weltpolitischen Dreiecks Europa – USA – Japan geprägt, das durch eine wachsende gegenseitige Verflechtung nicht nur im wirtschaftlichen, sondern auch im politischen Bereich gekennzeichnet ist." Hans-Dietrich Genscher: Rede vor der Carl-Schurz-Gesellschaft in Bremen am 10. April 1984, Presse- und Informationsamt der Bundesregierung: *Bulletin,* Nr. 42, 13. April 1984, S. 362

235 „Unsere Politik ist eine Politik des guten Willens und der besten Absichten." Helmut Kohl: Regierungserklärung vom 21. November 1983, Plenarprotokoll 10/35, S. 2328

Wenn es wahr wird, daß Amerika uns verläßt, dann können wir uns der bitteren Wahrheit nicht länger verschließen, daß die Außenpolitik der Bundesrepublik Deutschland die größte Niederlage ihrer Geschichte erlitten hat. Dann erfüllt sich die dunkle Drohung, daß wir Deutschen aus dem Zentrum der Geschichte vertrieben werden.

Dr. Helmut F. Dräcker / Bonn, 15. September 1984